복 있는 사람

오직 여호와의 율법을 즐거워하여 그 율법을 주야로 묵상하는 자로다.
저는 시냇가에 심은 나무가 시절을 좇아 과실을 맺으며 그 잎사귀가 마르지 아니함 같으니
그 행사가 다 형통하리로다. (시편 1:2-3)

요한계시록이 지금 나의 삶과 무슨 관련이 있는지 의아했던 경험이 있다면, 당신은 혼자가 아니다. 유진 피터슨도 그와 같은 질문을 던졌고, 우리에게 『요한계시록 설교』의 메시지를 전해 주었다. 이 책은 때로 기쁨과 평안과는 거리가 멀게 느껴지는 이 세상에서 그것들을 찾아내게 하는 놀랄 만큼 실제적인 안내서다.

마크 배터슨 내셔널커뮤니티 교회 대표목사

이 책에서 유진 피터슨은 숙련된 여행 안내자가 되어 우리를 요한계시록으로 이끈다. 그는 독자들에게 요한계시록을 혼란한 미래로 가는 도로 지도로 바꾸고 싶은 유혹에 지지 말 것을 지혜롭게 촉구한다. 예수님과의 잔치가 이미 시작된 것처럼 살고자 하는 모든 이에게 이 책을 강력히 추천한다.

커트 윌렘스 목사, 『소망의 메아리』 저자

성경의 마지막 책은 예수 그리스도에 대한 계시인 동시에, 세상의 상태와 교회의 상황을 예수님이 계시하신 책이기도 하다. 『요한계시록 설교』는 우리가 어떻게 사랑하고, 고난을 겪고, 진실을 말하고, 거룩함을 기르고, 현실을 인식하고, 증언하고, 헌신을 이어가는지 말해 준다. 유진 피터슨의 목회자적 면모를 통찰력 있고 매력으로 드러내는 이 책은, 마지막까지 견딜 수 있도록 우리 삶을 점검하라고 촉구한다.

글렌 페키엄 뉴라이프 교회 협동선임목사

설교의 힘은 전하는 내용뿐 아니라 전달 방식에 있다고 한다. 이 책이 정성스럽게 담아낸 설교들은 활자화되어 있고 처음 선포된 지 오랜 시간이 지났지만 여전히 특유의 변혁력을 간직하고 있다. 유진 피터슨의 따뜻하고 도전적인 말들이 여전히 살아서 복음을 선포하는 자리로 우리를 초대한다.

맨디 스미스 목사, 『해방』 저자

유진 피터슨의 책을 읽어 본 사람은 누구나 그의 펜에 성령의 능력이 넘친다는 것을 안다. 그는 성경의 마지막 책인 사도 요한의 계시록을 다루면서 최고로 손꼽힐 만한 글을 써 냈다. 너무나 오랫동안 요한계시록은 나쁜 소식인 것처럼 설교되었는데, 유진 피터슨은 요한계시록의 복된 소식을 재발견하도록 도움으로써 그 책을 되살려 냈다.

대니얼 그로테 뉴라이프 교회 협동선임목사

기독교 신앙의 진정성은 인격, 성품, 그리고 무엇보다 현실성, 실체성이다. 그것은 신앙이 다만 명분과 구호가 아니라 적극적인 자라남과 명예와 책임, 영광과 찬송에 사무치는 것이기 때문이다. 유진 피터슨이 증언하는 요한계시록의 세계는 참으로 놀랍고 흥분된다. 세상의 위협으로 방해할 수 없는 하나님의 일하심과 격려가 흘러넘친다. 오늘날 팬데믹 시대를 살아가는 성도들이 소망을 품고 성숙한 믿음의 길로 나아가는 데 이 책이 귀한 선물이 되기를 소망한다.

박영선 남포교회 원로목사

평범함 속에 깃든 비범함. 유진 피터슨의 글을 읽을 때마다 드는 생각이다. 우리 일상의 평범한 이야기와 신학적 통찰이 스스럼없이 스며들어 서로의 진가를 드러낸다. 요한계시록에 등장하는 일곱 교회 이야기는 1세기라는 시대적 상황을 반영하지만 오늘 우리에게도 낯설지 않다. 시대는 달라도 그때나 지금이나 인간은 유한하고, 인간의 욕망에는 큰 차이가 없기 때문이다. 교회는 그리스도의 몸이어야 하지만 오히려 그리스도의 무덤이 될 수도 있다. 지금 한국 교회는 그런 혐의에서 자유롭지 않다. 절망의 어둠에 갇히기를 거부한 채 새로운 교회를 지향하려는 이들에게 이 책은 새로운 이정표가 될 수 있으리라 생각한다.

김기석 청파교회 담임목사

설교자의 과제는 회중을 성서의 세계 안으로 인도하여 그 안에서 자신을 새롭게 보게 하는 일이다. 이런 점에서 유진 피터슨은 탁월한 설교자다. 설교뿐 아니라 『메시지』 성경을 비롯한 수많은 저작을 통해 그는 평생 이 과제를 위해 헌신했다. 이 책은 요한계시록 서두에 등장하는 소아시아의 일곱 교회에 보낸 편지를 하나씩 설교로 풀어낸 것으로, 설교를 통해 피터슨은 독자들을 1세기 소아시아로 인도한다. 왠지 낯설고 거리감이 느껴지던 텍스트가 그의 설교를 읽는 동안 친근하게 다가오는 동시에, 1세기 신자들의 이야기 속에서 자신을 새롭게 발견한다. 코로나19 팬데믹, 기후변화로 인한 자연재해, 정치적·사회적 혼란으로 어수선한 오늘의 독자에게 근거 있는 위안을 제공하는 한편 새롭게 깨어나도록 도전한다.

김영봉 와싱톤사귐의교회 담임목사

요한계시록
설교

Eugene H. Peterson

This Hallelujah Banquet

How the End of What We Were Reveals Who We Can Be

요한계시록
설교

종말의 세상 끝에서
새로운 존재로 살아가다

유진 피터슨

홍종락 옮김

복 있는 사람

요한계시록 설교

2021년 10월 20일 초판 1쇄 발행
2024년 5월 17일 초판 3쇄 발행

지은이 유진 피터슨
옮긴이 홍종락
펴낸이 박종현

(주) 복 있는 사람
주소 서울특별시 마포구 연남동 246-21(성미산로23길 26-6)
전화 02-723-7183(편집), 7734(영업·마케팅) 팩스 02-723-7184
이메일 hismessage@naver.com
등록 1998년 1월 19일 제1-2280호

ISBN 979-11-974676-5-3 03230

편집자 서문

『요한계시록 설교』*This Hallelujah Banquet*는 유진 피터슨이 1984년 사순절 기간에 메릴랜드 주 벨 에어의 '그리스도 우리 왕 장로교회'에서 전한 연속 설교를 주된 텍스트로 하고 그가 작성한 많은 주석과 자료들을 참고하여 만들어진 책입니다.

워터브룩 출판사는 유진 피터슨의 고유한 목소리와 목회적 의도에 충실하면서도 책이 부드럽게 읽히도록 자료를 선별하고 편집했습니다. 편집과 내용 추가는 제한적으로 이루어졌으며, 사소한 오류를 바로잡고 글이 보다 매끄럽게 이어져 내용이 명료해지도록 순서를 조정했습니다. 이 외에 바꾼 거라고는 (기술, 정치, 대중문화 등에서) 철 지난 내용을 빼고 유진 피터슨이 내세우는 원리로 대체한 것, 추가적 배경설명이 도움이 되는 대목에서는 요한계시록에 대한 그의 다른 글에서 관련 자료를 가져다 추가한 것이 전부입니다(가령, 이 책 첫 장의 상당 부분은 훨씬 이전인 1967년의 설교에서 가져온 것입니다. 해당 부분은 요한계시록의 교회들을 상대로 한 요한의 목회를 유진 피터슨이 어떻게 생각했는지 보여주는 귀중한 통찰을 제공하고, 그리스도께서 요한을 통해 주신 말씀으로 우리가 되돌아갈 필요가 있음을 알려 줍니다). 또한 요한계시록에 대해 그가 이후에 쓴 글 가운데서 특히 심오한 통찰 몇 가지를 골라 이전 설교에 자연스럽게 들어맞는 대목에 삽입하기도 했습니다.

유진 피터슨의 글이나 생각에 불필요하게 손을 대는 일이 없도록 하고, 그가 글을 쓰고 설교할 때 발휘했던 기술과 꼼꼼함을 독자에게 고스란히 전하려 노력했습니다. 개인적으로, 편집 작업을 진행하는 과정에서 말로 전하기 위해 쓴 글 특유의 친밀감에 주목하며 즐거움을 맛보았습니다. 그토록 많은 주일들이 지나고도 자신의 설교들이 여전히 "설교하는" 것을 보며 유진 피터슨이 미소 지었을 것이라 생각합니다.

마지막으로 책의 구성에 대해 이야기하면, 편지들 하나하나는 비슷한 구조를 따릅니다. 먼저, 그리스도께서 그분 성품의 특정한 부분을 드러내십니다. 그다음, 그리스도께서 그리스도인들을 점검하십니다. 그 과정에서 그들의 강점과 약점이 드러나고 돌이키라는 명령이 내려집니다. 이후 긴박한 약속이 주어지면서 각 메시지가 마무리됩니다. 각 장에서 유진 피터슨은 이런 접근 방식을 겉으로만 좋게 말하지 않고 각 편지 고유의 리듬을 존중합니다.

이 메시지들은 한 가지 생활방식—심지어 신앙의 한 가지 형태까지—의 종결이 어떻게 그리스도와의 새롭고 보다 활기찬 관계를 불러들일 수 있는지 보여줍니다. 모든 마지막은 시작이 될 수 있습니다. 바로 이것이 이 책에 담긴 유진 피터슨의 가르침에서 핵심이 되는 점검과 초대의 주제입니다.

2019년 가을에 이 책의 원고를 처음 취합했을 때만 해도 2020년의 광범위한 팬데믹과 함께 전 세계적인 변화가 찾아올 줄 전혀 몰랐습니다. 불투명한 2021년의 시작과 더불어 이 책을 출간하는 지금, 정신이 번쩍 들고 보다 주의를 기울이게 됩니다. 많은 이들이 지금의 시간을 기억할 수 있는 그 어느 때보다 더 세상의 종말처럼 느끼고 있습니다. 이런 느낌과 함께 슬픔, 성찰, 소망이 찾아옵니다. 이 모두가 이 책 안에 고스란히 담겨 있습니다.

우리 워터브룩 출판사는 차분한 기쁨과 기대를 안고 유진 피터슨 가족의 축복을 받으며 이 특별한 책을 독자 여러분께 선보입니다. 이 책이 여러분을 어린양에 대한 보다 깊은 지식으로 이끌어 주기를 바랍니다. 그분은 우리 모두를 그분의 영원한 축제로, 이 풍부하고 시의적절한 할렐루야 만찬 가운데로 초대하십니다.

편집자
폴 J. 패스터

편집자 서문   7

— 1. 마지막에 있는 시작   13
      마지막은 우리의 시작 지점

— 2. 에베소   33
      우리의 사랑에 대한 점검

— 3. 서머나   51
      우리의 고난에 대한 점검

— 4. 버가모   71
      우리의 진실함에 대한 점검

— 5. 두아디라   89
      우리의 거룩함에 대한 점검

— 6. 사데   105
      우리의 현실에 대한 점검

— 7. 빌라델비아   115
      우리의 증언에 대한 점검

— 8. 라오디게아   125
      우리의 헌신에 대한 점검

— 9. 할렐루야 만찬   139
      어린양의 잔치: 복

마지막 점검   149
주   161

일러두기
이 책에 인용된 성경구절은 『개역개정』과 『새번역』과 『메시지』를 사용했으며, 『새번역』과 『메시지』를
사용한 경우 별도로 표기했다.

1. 마지막에 있는 시작

보좌에 앉으신 이가 이르시되 보라, 내가 만물을 새롭게 하노라 하시고 또 이르시되 이 말은 신실하고 참되니 기록하라 하시고 또 내게 말씀하시되 이루었도다. 나는 알파와 오메가요 처음과 마지막이라. 내가 생명수 샘물을 목마른 자에게 값없이 주리니 이기는 자는 이것들을 상속으로 받으리라. 나는 그의 하나님이 되고 그는 내 아들이 되리라.

요한계시록 21:5-7

This Hallelujah Banquet

마지막은 우리의 시작 지점

성경의 마지막 책 요한계시록에는 한 해를 시작할 때 명심하면 좋을 말, 한 해를 열정적으로 맞이하게 해줄 최고의 말들이 있습니다.[1] T. S. 엘리엇T. S. Eliot은 「리틀 기딩」Little Gidding에서 이렇게 말했습니다.

> 우리가 시작이라고 부르는 것은 종종 마지막이고
>
> 끝맺음은 새로운 시작이다.
>
> 마지막은 우리의 시작 지점이다.[2]

"마지막은 우리의 시작 지점이다." 성경의 마지막 책은 우리 신년의 시작을 알립니다. 이 책은 우리의 기분과 상태에 말을 건네는 방식으로 그런 기능을 감당합니다.

새해 첫날 특유의 기분, 전형적인 마음 상태는 미래를 바라보는 것입니다. 우리 앞에는 새날들로 이루어진 한 해가 쭉 펼쳐져 있습니다. 우리는 그 날들에 대해 호기심과 두려움을 함께 느낍니다. 이즈음에는 아마추어 선지자들이 예언을 해댑니다. 점성술 잡지와 별자리 운세표도 인기몰이를 합니다. 여러 잡지와 신문에는 경기 예측, 문학적 전망, 정치상황 관측, 사회변화 예상 등을 다루는 기사들이 급증합니다. 그리고 이 모든 것과 더불어, 누구도 피할 수 없는 개인적 질문들이 떠오릅니다. '올해 내게는 무슨 일이 기다리고 있을까? 어떤 일들이 새해의 일기장에 기록될까?'

요한계시록은 미래에 대한 이런 불안과 소망을 향해 하나님이 건네시는 말씀입니다. 미래에 관심이 있는 사람에게 요한계시록은 하나님의 시의적절한 말씀입니다.

새해 첫날은 한 해 중에서도 미래에 대한 관심이 표출되는 날입니다. 그리고 요한계시록은 미래에 대한 우리의 관심을 다루는 책입니다.

☙

요한계시록을 읽어나가다 보면, 처음에는 혼란을 느끼다가 나중에는 실망하게 됩니다. 천사와 용, 책을 먹는 사람들과 사람을 먹는 거대한 곤충들, 무저갱과 신비한 숫자들, 기이한 동물과 황금도시들에 대해 말하는 저자는 우리를 혼란스럽게 합니다. 그 언어가 혼란스럽습니다. 그다음에 우리는 실망합니다. 우리가 구하는

1. 마지막에 있는 시작

것을 찾을 수 없기 때문입니다. 미래에 벌어질 일을 알고 싶은데, 그 책에는 날짜도 이름도 나오지 않습니다. 향후 열두 달 동안 세상이 어떻게 돌아갈지가 두려운데, 다가올 나날을 이해하는 데 도움이 될 만한 말은 전혀 보이지 않습니다. 우리 삶과 가족들에 대한 기대를 갖고 있는데, 우리의 전망에 대해 말하는 내용은 없습니다. 그래서 늘 하던 대로 되돌아가 정치분석가들의 글을 읽고 신문의 별자리 운세를 보고, 가끔 과학소설로 도피하며 최선을 다해 버팁니다.

도대체 어떻게 된 일일까요? 성경인 요한계시록이 우리를 저버린 것일까요? 이전 세기에는 하나님의 말씀이 높은 평가를 받았지만, 다 자라 성숙해진 우리 세계에 뭔가를 전해 주기에는 부족한 것일까요? 우리는 요한계시록의 저자와 독자를 흥미진진하지만 믿을 수 없는 부류로 취급했습니다. 점쟁이나 역술가처럼 말입니다.

아니면 혹시 우리가 요한계시록을 보다 깊이 파헤치지 않은 것이 문제일까요? 어쩌면 골똘히 집중해서 그 안에 담긴 상징을 알아내고 연대기를 정리하고 예언을 정확히 밝히는 일이 필요할지도 모릅니다. 그동안 많은 사람들이 바로 이런 작업을 했습니다. 미래에 집착한 그들은 미래에 대한 최종 발언권이 성경에 없다는 것을 인정할 수 없어서 그 안의 내용을 비틀고 다시 배열하여 마침내 그들이 듣고 싶은 말을 끌어냈습니다. 그들에게 역사는 예언된 사건들의 배열이라 할 수 있습니다. 날짜가 정해지고 인물들의 이름이 밝혀집니다. 미래가 드러납니다. 더 이상 불확실함은 없습니다. 그러나 이런 결과는 만족스럽기는 해도 요한계시록에서 찾을 수 있는 내용은 아닙니다.

어쩌면 요한계시록을 읽을 때 필요한 것은 기발함이 아니라 마음을 열고 주목하는 태도인지도 모릅니다. 우리는 미래에 대한 질문들에 사로잡힌 나머지 요한계시록이 미래에 관해 말하는 내용을 듣지 못했을 수도 있습니다. 우리가 듣게 될 것이라고 생각한 내용에 집중하느라 요한계시록이 실제로 전하는 내용을 듣지 못하는 것인지도 모릅니다. 우리에게 미래는 날짜, 사건, 이름을 의미하고, 그런 것들을 찾지 못하면 진저리를 내며 포기하거나 내용을 꾸며내어 제멋대로 집어넣습니다. 하지만 미래는 그런 것을 의미하지 않을 수도 있습니다. 어쩌면 하나님은 요한계시록을 통해 우리가 이전에는 생각도 못했던 미래에 관한 진실을 말씀하시는지도 모릅니다. 그리고 그것이 **진정** 새로운 말씀인지도 모릅니다.

새롭고 예상치 못한 이 특성이 성경의 특징입니다. 복음서 이야기에서 사람들이 얼마나 자주 예수님께 묻는지, 그리고 그분의 답변이 그들의 질문과 거리가 있는 경우가 얼마나 잦은지 아십니까? 성경은 호기심이 생기거나 의심이 들 때 찾아보는 정보의 백과사전이 아닙니다. 하나님은 그분의 말씀을 통해 우리에게 들려주고자 하는 내용을 전하시고, 중요하지 않은 사항은 제외하십니다(정말 궁금하지만 성경에는 아무 내용이 나와 있지 않은 항목들을 목록으로 작성해 보신 적이 있습니까?)

요한계시록은 분명히 미래를 다루지만 그 내용은 우리의 호기심을 만족시키지 않고, 우리가 당연히 듣게 될 거라고 생각하는 내용과도 일치하지 않습니다. 요한계시록은 미래의 사건들을 밝히는 것이 아니라, 미래 사건들의 내적 의미를 계시합니다. 요한계시록은 어떤 사건들의 발생이나 발생 일자는 말하지 않고, 그 사건들의 의미를 말합니다. 역사의 시간표를 제공하지 않고, 역사의 실체를 깊숙이 들여다보게 합니다. 그것은 예언이 아니라 지각입니다. 간단히 말해, 지금 현존하시는 하나님의 모습을 보여주는 것입니다. 우리 시야를 가리던 베일을 벗기고 지금 벌어지고 있는 일을 보게 하는 것입니다.

요한계시록 본문의 말씀은 베일 뒤, 신문의 헤드라인 뒤, 새로운 달력의 표정 없는 가면 뒤에 놓인 것을 요약해 줍니다. 상상력 넘치는 온갖 희화화된 미래 사건들 배후에 하나님이 계시고, 그분이 보좌에 앉아 이렇게 말씀하십니다. "보라, 내가 만물을 새롭게 하노라.……나는 알파와 오메가요 처음과 마지막이라"(계 21:5-6).

"만물을 새롭게." 우리가 좋아할 만한 말입니다. 새 차나 새 집도 좋고, 새 옷도 몇 벌 생기면 참 좋겠지요. 그리고 "만물"이라고 했으니 새롭게 되는 것의 목록을 늘릴 수도 있을 것입니다. 새 이웃, 새로운 기후, 새로운 정치풍토, 새로운 세계평화, 형제애 넘치는 새로운 사회. 일하고 싶은 마음이 있다면 일자리를 희망해 볼 수도 있겠지요.

그러나 잠깐만 기다려 보십시오. 하나님은 "내가 만물을 새롭게 할 것이다"라고 말씀하시지 않습니다. "내가 만물을 새롭게 하노라"고 말씀하셨지요. 현재형으로 되어 있습니다. 하나님이 이미 만물을 새롭게 하고 계신다면, 왜 그렇게 많은 것들이 오래되고 낡은 것일까요? 왜 우리는 사물에 그토록 빨리 싫증을 내는 것일까요? 우리가 하나님 말씀의 요점을 또다시 놓친 것은 아닐까요?

다시 돌아가서 '새로운'이라는 단어가 이전에 어떤 방식으로 쓰였는지 살펴봅시다. 이사야는 약 사백 년 전에 하나님의 말씀을 대변한 사람이었습니다. 이사야서에 나오는 하나님의 말씀을 들어 보십시오.

> 너희는 이전 일을 기억하지 말며
> 옛날 일을 생각하지 말라.
> 보라, 내가 새 일을 행하리니
> 이제 나타낼 것이라. 너희가 그것을 알지 못하겠느냐.
> 반드시 내가 광야에 길을
> 사막에 강을 내리니
> 장차 들짐승 곧 승냥이와 타조도
> 나를 존경할 것은
> 내가 광야에 물을,
> 사막에 강들을 내어
> 내 백성, 내가 택한 자에게
> 마시게 할 것임이라.
> 이 백성은 내가 나를 위하여 지었나니
> 나를 찬송하게 하려 함이니라(사 43:18-21).

1. 마지막에 있는 시작

이 말씀을 소개하니 '새로운'이라는 단어의 또 다른 유명한 사례가 떠오릅니다. 이번에는 고린도후서에 나오는 사도 바울의 말씀입니다. "누구든지 그리스도 안에 있으면 새로운 피조물이라. 이전 것은 지나갔으니 보라, 새것이 되었도다. 모든 것이 하나님께로서 났으며 그가 그리스도로 말미암아 우리를 자기와 화목하게 하시고 또 우리에게 화목하게 하는 직분을 주셨으니"(고후 5:17-18).

하나님이 요한계시록의 보좌에서 "보라, 내가 만물을 새롭게 하노라"고 말씀하실 때, 그 의미가 이사야와 사도 바울을 통해서 이미 하신 말씀과 아주 다를 리는 없습니다. 하나님은 그리스도 안에 있는 사람들과 함께하시고, 그들을 인격적으로 만나시고, 그들의 죄를 용서하시고, 영원한 생명으로 채워 주십니다. 새로움이란 하나님이 지금 인류에게 주시는 것들을 말합니다. 새로움은 바로 지금입니다.

어떤 의미에서 그것은 전혀 새롭지 않습니다. 태초에 하나님이 "빛이 있으라"(창 1:3)고 말씀하셨을 때, 그것은 새로운 일이었습니다. 하나님의 영이 사울 왕에게 임하여 그에게 새 마음을 주신 것(삼상 10:9)도 같은 방식의 새로운 일이었습니다. 예수님의 주위에 있던 군중은 그분에게서 이 같은 새로움을 보았기에 "이게 어찌된 일이냐? 권위 있는 새로운 가르침이다!"(막 1:27, 새번역)라고 외쳤습니다. 예수님이 니고데모에게 "다시[새롭게] 태어나야 한다"(요 3:7, 새번역)고 말씀하셨을 때 의미하신 것도 이와 같습니다. **새로움**이 최신 유행이나 풍조 또는 신기한 것을 의미한다면, 이것은 분명히 새롭지 않습니다.

하지만 새로움을 본질적 생명, 하나님과 우리의 만남, 은혜를 받아 마침내 죄책감 없이 확고한 목적을 가지고 살 수 있게 되는 일로 이해한다면, 이것은 절대적으로 새롭습니다. 결코 구식이 될 수 없습니다. 오히려 다른 모든 경험과 지식을 진부한 것으로 만들지요. 그리고 이 새로움에 참여할 때, 우리는 만물을 새롭게 하는 교두보가 됩니다. 우리는 사도 바울이 말했던 사람, 즉 복음을 듣고 그 복된 소식을 이웃에게 나누는 새로운 피조물이 됩니다.

"내가 만물을 새롭게 하노라"는 진술은 "나는 알파와 오메가요 처음과 마지막이라"는 하나님의 자기규정으로 뒷받침됩니다. 알파는 그리스어 알파벳의 첫 글자이고 오메가는 마지막 글자입니다. 알파와 오메가를 영어로 번역하면 "A부터 Z까지"가 됩니다. 하나님의 뜻과 목적에는 어떤 것도 배제되지 않으며 시간도 예외가 아닙니다.

모든 시간이 하나님의 것입니다. 하나님은 한 해 중 52번의 일요일만 따로 떼어 특별히 관심을 갖지 않으십니다. 하나님이 안 계신 날, 안 계신 달은 없습니다. 시간의 전부가 그분의 것입니다. 그뿐 아니라, "처음과 마지막"은 단지 최초부터 최종까지만을 의미하는 것이 아닙니다. 하나님에 대한 믿음이 이런 문자주의의 제한을 받게 되면 너무나 빈약해집니다. 하나님은 세상이 시작되게 하신 분이고 끝날 때도 그 자리에 계실 것입니다. 대부분의 사람들은 대체로 이 정도는 예상합니다. 그러나 이 처음과 마지막에는 더 심오한 의미가 담겨 있습니다. 여기서의 **처음**은 근원과 기원, 즉 만물의 기반이 되는 기층을 뜻합니다.

신학자 폴 틸리히 Paul Tillich는 하나님을 "존재의 근거"라고 정의했습니다.[3] 그는 하나님이 저 멀리 구름 속 어딘가에 계신다거나 먼 옛날 역사 속 창조 시에 생겨난 첫 번째 그 무엇이라는 생각을 피하려고 했습니다. 모든 것이 하나님으로부터 나와서 존재하고 있습니다. 그리고 그분은 세상의 끝날에 계실 거라는 것보다 더 심오한 의미에서 "마지막"이기도 하십니다. '마지막'(텔로스)에[4] 해당하는 그리스어 단어는 그분이 만물의 목적지임을 드러냅니다. 그분의 존재 안에서 만물의 존재 목적이 성취됩니다.

❧

이 시점에서 누군가는 이런 반론을 제기할 듯합니다. "그건 다 아는 이야기입니다. 하지만 나는 요한계시록이 미래에 관해 뭔가 말해 줄 거라고 생각했어요." 저로서는 요한계시록이 이미 미래에 대해 말했다고 대답할 수밖에 없습니다. 요한계시록은 예수 그리스도의 복음―하나님이 우리와 함께하셔서 새 생명을 주시고 붙드시고 채우신다―을 그대로 취하여 미래에 적용했습니다. 현재나 과거의 복음과 다른, 미래만의 복음은 없습니다. 올해의 삶을 좀 더 쉽게 만들어 줄 마법 같은 방법을 찾아 여기저기 둘러봐야 소용없습니다.

요한계시록은 이런 불가능하고 마법적인 미래관을 찾을 필요가 없다는 확신을 많은 사람들에게 주었습니다. 요한계시록은 믿음이 들어설 자리를 만들어내도록 돕습니다. 한 신학자는 이렇게 말했습니다. "하나님은 그분의 자녀들이 앞이 보이지 않는 모퉁이를 돌아가도록 인도하신다. 그분은 그들이 가야 할 길을 아신다. 도로 전체를 보고자 하는 사람의 욕구를 충족시키는 것은 마귀의 일이다. 마귀는 도로 끝의 벼랑만 못 보게 만든다."[5]

새해가 시작될 때마다 우리는 하나님이 만물을 새롭게 하실 한 해를 맞이합니다. 하나님은 존재하는 모든 것과 벌어지는 모든 일의 근원이자 목적지일 것입니다. 이것을 믿는 데는 큰 용기가 필요하고, 이에 따라 행동하는 데는 큰 믿음이 요구됩니다. 이 나라의 모든 신문은 이와 반대되는 표제기사를 실을 것이고, 우리의 죄와 반항이 반대의 증거를 내놓을 것이기 때문입니다. 그래도 이 하나님의 말씀으로 베일을 찢으십시오. 다가올 나날들에 임하시고 행하실 하나님을 잘 보지 못하게 가리는 베일을 말입니다.

매일매일이 하나님과 창조와 구속의 새날이 될 것입니다. 매일에 담긴 이 개방성을 보지 못하게 막는 것은 우리의 맹목과 나태뿐일 것입니다.

G. K. 체스터턴 G. K. Chesterton 은 이렇게 말했습니다.

어린이들은 생명력이 충만하고 그 마음이 열정적이며 스스럼없기 때문에 마음에 드는 일들이 계속 되풀이되기를 원한다. 아이들은 "또 해줘요"라고 계속 말하고, 어른은 그 말대로 하고 또 하다가 지겨워 죽을 지경이 된다. 어른들은 단조로움을 크게 기뻐할 만큼 강하지 않기 때문이다. 그러나 하나님은 단조로움을 매우 기뻐하실 정도로 강하신 듯하다. 그래서 아침마다 해를 향해 "또 해봐" 하고 말씀하실 수 있다. 그리고 저녁이 되면 달에게 "또 해봐" 하고 말씀하신다.

1. 마지막에 있는 시작

이 경이에 이끌려 우리는 보좌로 돌아갑니다. 거기서 하나님은 이렇게 말씀하십니다. "보라, 내가 만물을 새롭게 하노라.……나는 알파와 오메가요 처음과 마지막이라."

바로 이 마지막에서 우리는 시작합니다.

이 마지막이 우리가 시작하는 지점입니다.

*

그리고 이 마지막이 우리를 참된 **감사**의 시작으로 이끕니다. 감사의 기술은 감사한 마음이 들지 않을 때 감사하는 것입니다.

내가 복 받았다는 느낌이 강할 때 감사하기는 쉽습니다. 품에 선물이 가득하고 사랑하는 사람들에 둘러싸여 있을 때 감사하기는 쉽습니다. 그런 때에는 감사하다고 말하지 않고 찬양하지 않고 웃지 않고 즐거워하지 않기가 오히려 거의 불가능합니다.

몇 년 전 어느 화창한 봄날의 일요일, 저는 예배당 입구에서 몇 년 동안 보지 못했던 사람을 만났습니다. 그는 한때 우리 교회에서 적극적으로 활동하던 교인이었지만 여러 해 전부터 교회에 나오지 않고 있었습니다. 저는 그를 보고 깜짝 놀라서 말했습니다. "지미, 정말 오랜만이에요. 만나서 너무나 반갑네요. 그런데 오늘 이렇게 나온 이유가 있나요?" 그가 말하더군요. "오늘 아침에 일어나는데 기분이 너무 좋아서요. 그래서 감사하다는 말을 꼭 하고 싶었어요. 사업이 잘되고, 아이들은 착하고, 날도 너무 좋아요. 그래서 누군가에게 감사의 인사를 하지 않으면 안 되겠더군요. 그리고 제가 느끼고 있는 이 감사를 받을 만한 유일한 존재는 하나님인 것 같아서요."

그래서 그는 교회에 나왔습니다. 그날 그는 우리와 함께 예배했습니다. 하나님께 감사를 드렸습니다. 그런데 그 이후로 저는 그를 한 번도 보지 못했습니다. 저는 그날 교회에 나오고 싶었던 그의 마음이 이해가 됩니다. 그가 돌아오지 않는 것 또한 이해가 됩니다. 자녀들이 너무나 예쁘고 하는 일이 잘되고 박태기나무에 꽃이 만발하고 층층나무에도 꽃이 핀 봄날의 일요일에는 우리 모두 감사할 줄 압니다. 감사하기 어려운 경우는 그와 다른 날들이지요.

감사는 우리가 하는 가장 매력적인 일들 중 하나입니다. 어쩌면 그중에서도 첫 번째일지 모릅니다. 하나님을 찬양하는 사람에게는 뭔가 온전하고 건강하고 관대한 면이 있습니다. 스스로 감사하지 못한다 해도, 우리는 감사할 줄 아는 사람들 주위에 있는 것을 좋아합니다.

우리는 다른 사람들이 감사하는 것을 좋게 여기고 우리 자신이 감사할 때는 **경이감**을 느낍니다. 감사에는 충족감과 무르익은 온전함의 느낌이 있습니다. 찬양은 우리가 하는 최고의 일이고, 찬양하는 삶은 최고의 삶입니다.

미국의 추수감사절이 국경일인 것은 합당한 일입니다. 친구와 가족들이 감사의 뜻으로 한데 모이고 감사를 나누면서 우리나라의 기원을 기억합니다. 국가적 감사든 기독교인들의 예배든 이렇게 행동으로 하나님께 감사를 드릴 때 우리는 최고의 모습을 보이게 됩니다. 우리는 그것을 느낍니다. 우리가 감사를 드리는 것은 부모님이 시켜서나 막연한 의무감 때문이 아닙니다. 우리는 우리의 최고의 모습을 갖추기 위해서 할 수 있는 최고의 일 중 하나가 감사임을 깊이 의식하고 있습니다.

성경에는 다른 어떤 책보다 신앙인 내면의 삶을 잘 보여주는 두 권의 책이 있는데, 바로 시편과 요한계시록입니다. 두 권 모두 활기 넘치는 찬양으로 마무리됩니다.

시편의 마지막에는 다섯 편의 아주 떠들썩한 할렐루야 시들이 자리를 잡고 있고, 사람이 자신과 하나님에 대해 느낄 수 있는 모든 것—고통, 의심, 절망, 기쁨, 거절, 수용, 인간의 경험 전체—을 그러모아 찬양으로 올려드립니다.

요한계시록도 마찬가지입니다. 요한계시록은 예수 그리스도의 이름으로 우리 삶을 규정할 때 겪게 되는 엄청나게 다양한 경험 속으로 상상력을 발휘하여 들어가고, 하나님과 마귀를 상대하며 낮은 곳과 높은 곳을 모두 겪고 나서 마침내 시편과 같은 자리에 이르게 됩니다. 할렐루야를 거듭 노래하며 찬양하는 자리입니다. 시편의 결말이 되풀이되는 것이지요.

지금까지 설명한 내용으로 판단하면, 온전한 사람이 되는 길, 최고의 모습으로 사는 길은 찬양의 삶을 사는 것으로 보일 것입니다. 감사의 말을 많이 하고 하나님을 많이 찬양하는 것이지요. 그러나 찬양의 삶은 피상적으로 이루어질 수 없습니다. 불행하게도, 먼저 정직한 일을 행해야 함을 외면한 채 우리에게 그저 감사하라고 말하는 사람들이 적지 않았습니다. 그렇게 해서는 상황이 그리 나아질 것 같지 않습니다. 영혼을 위한 멋진 훈련이라도 그 근원에 해당하는 정직, 슬픔, 탄식, 진정한 축하라는 성경의 뿌리와 분리되면 감상적이고 분별없는 조언에 그칠 수 있습니다.

그렇습니다! 찬양의 삶, 건강한 긍정의 삶을 살려면, 참되고 정직하고 관대하게 살아가야 합니다. 찬양의 행위에는 지름길이 없습니다. 하나님께 때 이른 찬양을 드려서는 안 됩니다.

한 가지 사례로, 시편을 살펴봅시다. 시편은 문자적으로 찬가를 뜻하지만 대부분의 내용은 찬양과 거리가 멉니다. 탄식과 불평, 성난 의문과 실망에 찬 묵상이 대부분입니다. 가끔 좋은 날도 있고―해가 빛나고 길 잃은 양이나 괴롭히는 사람이 없는 날이지요―멋진 감사의 노래도 있습니다. 그러나 대체로 탄식과 불평, 분노의 부르짖음, 사는 것이 지긋지긋해서 하나님이 뭔가 손을 써 주시기를, 그것도 빨리 손써 주시기를 바라는 사람들로 가득합니다.

요한계시록도 그렇습니다. 천상의 찬양이 들려오는 막간들과 하프와 천사들, 기쁨에 겨워 월계관을 하늘 높이 던지는 장로들(이런 행동으로 볼 때 장로교 장로들은 분명히 아닙니다)이 있습니다만, 요한계시록의 줄거리는 곤경과도 관련이 있습니다. 우리가 처해 있는 엉망진창인 상황과 거기서 빠져나오는 데 따르는 끝이 보이지 않는 어려움들이지요. 이 순환이 거듭거듭 나타납니다. 무려 일곱 번이나 계속되는데 과연 끝나기는 할지 의문이 들 정도입니다. 그러다가 결국 끝이 나면서 열광적 찬양이 터져 나오고 찬양의 앙코르가 이어진 다음, 혼인 잔치 곧 할렐루야 만찬이 열립니다.

우리는 이 패턴과 순서를 진지하게 받아들여야 합니다. 때 이른 찬양은 엉터리 찬양입니다. 찬양은 우리의 시작점이 아니라 마지막입니다. 우리는 울면서 인생을 시작합니다. 미소 짓고 달콤하게 속삭이거나 뽀송한 기저귀와 달콤한 젖과 따뜻한 손길이 가득한 이 아름다운 세상에 태어나게 해준 부모님께 감사하면서 시작하지 않습니다. 우리는 발길질을 하고 버둥질을 합니다. 소리를 지르고 웁니다.

우리가 찬양하는 순간들이 있는 것은 사실입니다. 그러나 대체로 빈곤과 필요, 좌절과 불완전을 인식합니다. 고통과 무지를 경험합니다. 결핍과 거절을 자각합니다. 부족함들 한복판에도 모든 것이 멋진 순간들이 있습니다만, 그때 부르는 찬양은 영구적이지 않습니다. 자, 성경에는 찬양의 패턴이 있습니다. 찬양하는 사람이 되는 일은 고통과 가난과 의심과 죄책감을 회피하거나 건너뛰거나 부정함으로써가 아니라, 그 안으로 들어가 탐구하고 그 중요성을 생각하고 각각의 경험을 엄연한 현실로 받아들임으로써 이루어진다는 것입니다.

그렇기 때문에 우리나라의 종교적 연예산업이 매우 염려가 됩니다. 우리의 통속화된 기독교는 주님의 본을 따라 희생적 삶을 살도록 사람들을 훈련시키는 대신에 주말마다 즐거운 시간을 갖도록 유혹합니다. 그 안에서 예수님은 최고의 행사 진행자가 되십니다. 그분의 모습은 하나님 덕분에 크게 성공한 운 좋은 이들을 인터뷰하려고 자리한 토크쇼 진행자와 비슷하고, 토크쇼 사이사이에는 청중(우리 말입니다)이 세상의 끔찍한 사람들에 대해 깊이 생각하지 못하게 막는 신나는 예배음악이 나옵니다. 죽이고 강간하고 속이고 세상을 엉망진창으로 만드는 자들, 그들 앞에 놓인 거라곤 아마겟돈 전투뿐인 자들 말입니다.

ꞔꞇ

우리 모두는 매주 할렐루야 만찬을 제공하는 교회 또는 모종의 공동체에 속하고 싶어 합니다. 미국인들은 이런 종류의 유혹에 특히 취약한 것 같습니다. 19세기에는 고매한 사람들이 몇몇 유토피아 공동체를 세우려 시도했습니다. 1960년대에 많이 생겼던 공동체들과 비슷하다고 보면 되겠습니다.

그중 유명한 공동체가 매사추세츠의 브룩 농장이었습니다.[6] 뉴잉글랜드 문학계의 유명인들 일부가 그 농장에 참여했고, 그중에 너새니얼 호손Nathaniel Hawthorne이 있었습니다. 브룩 농장에서의 호손의 이야기는 우리의 모습을 반영합니다. 호손은 대체로 우울한 사람이었습니다. 그는 인간 죄의 심연을 알았고 인간 조건의 어두운 대목들을 탐구했습니다. 그러나 어떤 시점에 이르러 그런 것들에 염증이 나서 빠져나오고 싶었던 모양입니다. 브룩 농장은 그에게 탈출구를 약속했습니다.

브룩 농장에는 죄가 없었습니다. 농장은 합리적 계몽의 노선에 따라 운영되었습니다. 그곳에서 사람들은 최상의 모습으로 살아가게 될 것이었습니다. 호손이 『주홍 글자』*The Scarlet Letter*나 『일곱 박공의 집』*The House of the Seven Gables*에서 다룬 죄책감 같은 문제는 아예 없었습니다. 브룩 농장에서는 오직 기쁨과 감사만이 있었습니다.

그런데 브룩 농장의 지도자 조지 리플리가 호손에게 거름더미를 관리하는 임무를 맡기고, 호손은 그 일이 마음에 들지 않아 결국 그곳을 떠나게 됩니다. 그가 원한 것은 추수감사절의 칠면조였지 닭의 분노가 아니었던 것입니다. 그가 브룩 농장에 온 것은 천사들의 노랫소리와 더불어 살고자 함이었지 소와 양의 배설물과 함께하려는 것이 아니었습니다.

이것이 우리의 모습입니다. 이상화된 삶의 매력을 원하다가도 현실이 백일몽 속으로 치고 들어오면 금세 환멸에 빠집니다.

진실하고 진정성 있고 깊이 있는 찬양에 이르는 유일한 길은 실재를 받아들이는 것입니다. 벌어지는 모든 일을 수용하고 믿음 안에서 할 수 있는 만큼 철저히 살아내는 것입니다. 그런 순간들, 그 과정에서 우리가 인간다워지기 때문입니다. 우리는 성장하여 온전한 인간성을 갖추게 되고, 우리 사이에서 역사하는 그리스도의 구원의 깊은 자리까지 이르게 됩니다.

예수 그리스도께서는 세상의 모든 악을 성공적으로 피하거나, 당대의 모든 부정한 사람과의 접촉을 피할 신중한 전략을 실행에 옮기거나, 좋을 때든 나쁠 때든 절대적으로 충실할 충성스러운 무리를 육성하여 할렐루야 만찬에 도달하신 게 아닙니다. 그분은 그런 일들을 하시지 않았습니다.

예수님은 굳이 고생을 자초하셨고, 고생이 닥치면 받아들이셨습니다. 그분은 다른 사람들의 어려움을 품을 뿐 아니라 본인의 어려움도 받아들이셨습니다. 그분은 십자가를 지셨습니다. 십자가를 좋아하시지는 않았습니다. 십자가 때문에 하나님께 감사드리시지는 않았습니다. 겟세마네 동산에서 할렐루야 찬양을 부르시지는 않았습니다. 그분은 십자가의 모든 순간을 싫어하셨습니다. 하지만 그럼에도 그 일을 **행하셨습니다. 받아들이셨습니다.** 그리스도께서는 고통의 정글에 들어가셨고, 고난의 광야를 탐험하셨으며, 희생의 과정에서 구속을 성취하셨습니다. 구속은 악으로부터의 구출이 아니라 악의 구속을 의미합니다. 구원은 행운이 아니라 용감히 대결하여 전투에서 승리하는 것입니다.

그렇기 때문에 찬양이 그토록 신나는 것입니다. 찬양은 나쁜 상황에서 행복한 얼굴을 하고 그 상황을 웃으면서 견디는 것과는 아무 상관이 없습니다. 찬양은 우리 내면 깊숙한 곳에서 만들어집니다. 죄와 죄책과 의심과 외로운 절망 속에서, 그럼에도 불구하고 **믿는** 우리 안에서 말입니다.

그리고 그 믿음 안에서 찬양은 온전해집니다.

I. 마지막에 있는 시작

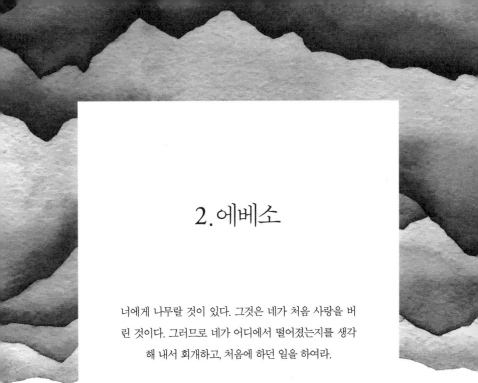

2. 에베소

너에게 나무랄 것이 있다. 그것은 네가 처음 사랑을 버린 것이다. 그러므로 네가 어디에서 떨어졌는지를 생각해 내서 회개하고, 처음에 하던 일을 하여라.

요한계시록 2:4-5, 새번역

This Hallelujah Banquet

우리의 사랑에 대한 점검

인간은 많은 비범한 일을 합니다. 동물들과 달리 배를 채우고 거처와 짝을 찾고 가끔 햇살 아래서 뛰노는 것으로 만족하지 못합니다. 우리 인간은 훌륭한 건물을 세웁니다. 거대한 로켓을 만들어 우주공간으로 나갑니다. 경탄스러운 방식으로 정보를 저장하고 처리하고 해석하는 컴퓨터를 제작합니다. 신체를 훈련하고 수련하여 놀라운 운동기록을 달성합니다. 일상의 현실을 꿰뚫는 그림을 그려서 사물과 사람 안에 있는 진정한 실재, 내면을 드러냅니다. 듣는 이를 단조로운 일상에서 끌어올려 황홀경에 들어서게 하는 음악을 작곡하고 연주합니다. 훼손되고 부서진 몸을 수술로 결합해 냅니다. 세계의 굶주린 사람들을 먹이기에 충분한 식량을 재배합니다. 시공간적으로 멀리 떨어진 사람들과 문화들에 대해 배우고 자신의 세계를 확장하여, 직접 경험할 수 있는 수십 년의 시행착오의 한계와 제약을 넘어섭니다. 이 목록은 계속 이어집니다.

우리가 성취한 것들은 굉장합니다. 여러분은 무엇이 되고 싶습니까? 운동선수나 과학자, 혹은 예술가나 발명가입니까? 여러분의 인생으로 할 수 있는 최고의 일이 무엇입니까? 무엇이 최고의 일인지에 관해서는 온갖 가능성이 열려 있고 방대한 사례들이 펼쳐져 있어서 많은 주장과 혼란이 있을 거라고 생각할 수 있습니다. 그런데 여기에는 놀라운 의견 일치가 있습니다. 이것은 온 세계와 역사를 아우르는 절대적 만장일치는 아니지만 상당히 인상적인 합의입니다. 제 생각에 우리는 사랑이 우리가 하는 최고의 일이라고 단호히 말할 수 있습니다.

우리가 온 힘을 집중하고 모든 능력을 최대한 발휘하여 최고의 모습으로 살면서 창조 목적을 행할 때 하는 일이 바로 **사랑**입니다. 그리고 이 의견 일치에는 또 다른 측면이 있습니다. 우리가 그 어떤 일을 해도, 설령 올림픽 금메달을 따서 집에 돌아오거나 백만 달러를 벌어들이거나 우주 탐사의 개척자가 되거나 뛰어난 예술 공연으로 세상을 감동시키거나 암 치료제를 발견한다 해도, 사랑하지 않는다면 그 일은 만족스럽지 않다는 것입니다.

아무리 책임감이 강하고 열심히 일하고 자기 일을 잘하고 문제가 될 일을 저지르지 않고 존경을 받는다 해도, 사랑하지 않는다면 어쨌든 우리는 실패한 것입니다. 사랑하지 않는 삶은 빈껍데기에 불과합니다.

제가 지금 전하는 것이 성경이나 기독교가 말하는 내용이 아니라 문명사의 거의 모든 사람이 말한 내용이라는 데 주목하십시오. 이것은 인간이 합의한 사항입니다. **사랑**은 우리가 하는 최고의 일입니다. 사랑은 사치나 선택사항이 아니라 참으로 인간답기 위한 필수사항입니다.

　이런 믿기 어려울 정도의 의견 일치 앞에서 우리는 당혹스러운 질문들과 마주하게 됩니다. 왜 우리는 더욱 사랑하지 않는 것일까요? 왜 보다 잘 사랑하지 못할까요? 왜 우리는 사랑의 삶에 집중하지 못하고 주의가 산만해질까요? 이것은 요한이 그의 회중과 우리에게 던지는 질문들입니다.

ଏ৩

요한은 1세기 후반 일곱 교회의 목사였습니다. 그의 회중들은 많은 부분에서 우리와 비슷했습니다. 영어가 아니라 그리스어로 말했고, 워싱턴에 대통령이 있는 대신 로마에 황제가 있었고, 운동화가 아니라 샌들을 신었다는 정도만 달랐지요. 본질적인 면에서 그들은 우리와 같았습니다. 아침에 일어나 밤에 잠들었고, 먹고 마셨고, 일을 하면서 가족과 함께 살았고, 좋은 날과 나쁜 날이 있었고, 가끔은 웃고 가끔은 울기도 했습니다.

　그들은 다른 면에서도 우리와 같았습니다. 예수 그리스도를 믿었고 구원을 경험했습니다. 죄로부터 자유를 얻었고 하나님을 향해 자유롭게 되었습니다. 그들은 함께 모여서 깊고 넓은 구원의 삶에서 자라갔습니다. 찬양을 불렀고 함께 기도하였으며 서로를 격려했습니다. 하나님이 그들 편이시고 그들을 사랑하시며 그들한 사람 한 사람에게 개인적으로 관심이 있으시고, 그들이 계속 엉망으로 만들어 온 세상에 대해 근본적이고 최종적인 조치를 취하셨다는 복된 소식을 들었습니다. 예배할 때 그들의 삶은 자아라는 비좁은 경계 너머로 확장되었습니다. 그들은 모든 존재의 중심에서 고동치는 찬양에 합류하면서 자신들의 상당히 평범한 삶, 누구나 대수롭지 않게 여기던 삶에 의미가 있음을 발견했고, 기대하지 않았던 장소에서 계속 의미를 발견했습니다. 지금 우리가 그런 것처럼 말입니다.

이때 일부 큰 영향력을 가진 사람들이 그리스도인들을 위험하다고 여기게 되었습니다. 권위를 가진 그들은 그리스도인들의 노래와 기도를 끔찍이 두려워하게 되었고, 그들을 근절하기 위한 조직적 활동에 나섰습니다. 그러던 어느 날 로마 군인들이 찾아와 나이 든 요한을 교회에서 끌어내어 밧모섬에 유배를 보냈습니다. 나이 든 목사가 법과 질서에 위협이 된다고 여기다니, 특이하지 않습니까? 요한에게는 칼도 없고 군대도 없었습니다. 그가 한 일이라고는 교인들에게 기도와 찬양과 성경을 가르치고 예배를 인도하고 자비롭고 공정하고 정직하게 살도록 훈련시킨 것이 전부였습니다.

유쾌하고 도덕적 분별력을 가진 이 소수의 사람들이 사회 곳곳에 흩어져 있다는 사실을 정부가 기쁘게 여길 법도 한데, 로마 정부의 반응은 달랐습니다. 로마 정부는 그들을 대단히 무서워했습니다. 그리스도인들이 찬양하고 성경을 공부하고 예수 그리스도를 믿는 일이 세상을 혁명적으로 바꿔 놓을 것이고, 머지않아

로마라는 군사·정치적 강대국이 큰 손상을 입고 무력해질 거라고 느꼈습니다. 결과적으로 보면 정확한 느낌이었지요. 그래서 그들은 요한의 회중들이 약해지고 사라지기를 바라며 그를 체포하여 유배시켰습니다.

어느 일요일, 요한은 기도를 드리다가 예수 그리스도께서 이 모든 성나고 무시무시한 적대감 한복판에서 사랑과 구원의 일을 하시는 환상을 보았습니다. 요한은 자신이 보고 들은 내용을 두루마리에 적어서 본토에 몰래 보냈습니다. 이 두루마리는 받을 사람들에게 잘 전해졌습니다. 그리고 그 소식이 그리스도인들에게 전해졌습니다. 그들은 조심스럽고 은밀하게 만났습니다. 모두가 모인 자리에서 한 사람이 그들의 연로한 목사가 그들을 위해 쓴 내용을 소리 내어 읽었습니다. 그 내용은 그들에게 세상을 실제 모습 그대로 보게 하는 시야를 제공했습니다.

요한은 사랑하는 회중에게 이렇게 말하는 것 같습니다. "로마가 세상을 움직이는 것처럼 보입니까? 그렇지 않습니다. **그리스도께서 세상을 움직이십니다.** 여기에 적힌 내용이 그리스도께서 일하시는 방식입니다. 박해와 신성모독과 죽음과 카이사르가 최종 발언권을 가진 것 같습니까? 그렇지 않습니다. 최종 발언권은 예배와 생명과 찬양과 살아 계신 그리스도께 있습니다."

한 회중이 두루마리를 읽고 나면 다음 회중에게로 몰래 전했고, 그렇게 해서 마침내 일곱 회중 전부가 그것을 읽었습니다. 그 덕분에 그들은 자신들의 삶이 중요함을 확신하게 되었습니다. 그들이 하는 모든 일은 세상을 구속하기 위해 그리스도께서 하시는 일에서 결정적 중요성을 갖고 있었습니다. 그들은 견실해졌고, 유쾌해졌으며, 담대해졌습니다.

당시는 참으로 동란의 시기였습니다! 서슬 퍼런 박해는 그들이 하는 일의 중요성을 부각시키고 그들의 오감을 날카롭게 벼려 주었습니다. 로마의 박해로 인해 그리스도인들은 그들이 바른 길에 서 있음을 뜻밖의 방식으로 굳게 확신하게 되었습니다. 기도하고 그리스도를 주로 고백하는 소수의 하층계급 사람들 때문에 로마 정부가 동요했다면, 기도와 그리스도를 주로 고백하는 일은 상당히 중요한 행동임에 틀림없습니다. 두루마리는 교회에서 교회로 전해졌습니다. 두루마리 앞부분에는 일곱 교회 각각에 보내는 개별 메시지가 있었는데, 각 회중의 독특함을 알아보고 그것을 다룬 내용이었습니다. 이제 이 메시지들을 하나씩 살펴보면서 우리 자신을 점검해 보고자 합니다. 이 메시지들은 우리 가운데 계시는 그리스도의 위대한 현존과 우리 가운데서 행하시는 그분의 위대한 역사 앞에서 우리의 모습이 어떠한지 보여주는 최종 점검표입니다.

ಐ

사도 요한이 일곱 교회에 보낸 편지들은 각 교회를 대상으로 맞춤 점검을 실시했습니다. 사도 요한은 세상의 빛이신 그리스도께서 우리 가운데 계시다고 말했습니다. 그리스도의 광채는 우리가 어떤 존재인지를 보여줍니다. 우리 삶의 모든 어두운 자리들을 샅샅이 살피고 환히 드러냅니다. 주님의 빛은 우리의 상태를 진단합니다. 하지만 진단 후에는 그 자체로 치유의 임재가 됩니다. 각 사람별로 약이 처방됩니다. "그 빛이 어둠 속에서 비치니, 어둠이 그 빛을 이기지 못하였다"(요 1:5, 새번역).

20세기가 지나는 동안 그리스도인들은 그리 많이 변하지 않았습니다. 그리스도인의 삶은 영원한 질문들 아래에 있는 인간적 삶 가운데서 여전히 펼쳐집니다. 그리스도께서 교회 안에 계십니다. 그분은 우리 삶을 시험하여 우리가 어떤 사람인지 밝히 드러내시고, 그렇게 드러난 자리에서 우리는 죄책감과 후회 없는 용서받은 사람들로 자유롭게 살 수 있습니다. 그 시험을 받아들입시다. 그리스도의 빛이 우리 삶을 면밀히 살피고 우리의 실패를 드러내며 우리 병을 치유하도록 맡깁시다.

편지들 하나하나는 비슷한 구조를 따릅니다. 먼저, 그리스도께서 그분 성품의 특정한 부분을 **드러내십니다**. 그다음, 그리스도인들을 **점검하십니다**. 그 과정에서 그들의 강점과 약점이 드러나고 돌이키라는 명령이 내려집니다. 이후 긴박한 **약속**이 주어지면서 각 메시지가 마무리됩니다.

에베소의 그리스도인들에게 주신 말씀을 봅시다. "너에게 나무랄 것이 있다. 그것은 네가 처음 사랑을 버린 것이다. 그러므로 네가 어디에서 떨어졌는지를 생각해 내서 회개하고, 처음에 하던 일을 하여라"(계 2:4-5, 새번역). 점검 결과, 에베소 그리스도인들의 몇 가지 뛰어난 부분이 드러났습니다. 그들은 열심히 일하는 사람들이었습니다. 쉽게 포기하지 않았습니다. 끊임없는 박해에도 흔들리지 않았습니다. 그들에게는 매일 수행해야 할 긍휼과 자비의 행위들이 있었고 그 일들을 꾸준히 해나갔습니다. 위험한 상황에서도 매 주일 함께 모여 예배하기를 잊지 않았습니다. 또한 그들은 교리를 잘 분별했습니다.

일부 이단자들, 니골라당 사람들이 교회 안에 파고 들어와 그리스도를 향한 교인들의 헌신을 뒤엎으려 했습니다. 그들은 모든 도덕 기준의 필요성을 부인하는 무리였습니다. 그리스도를 사랑하기만 하면 무슨 일이든 하고 싶은 대로 할 수 있다고 가르쳤습니다. 그러나 에베소 교인들은 그 매력적인 교리에 속아 넘어가지 않았습니다. 그들은 박해와 역경을 견디는 동안에도 이 악한 자들을 용인하지 않았습니다. 에베소 교인들은 강인하고 주의 깊은 신자들의 무리였습니다. 그리스도께서는 그들의 이러한 모습을 칭찬하셨습니다. 그분은 그들의 장점을 잘 아셨고 인정해 주셨습니다. 그러나 그분은 다른 것도 보셨습니다. 올바른 일을 하려는 의욕이 지나쳐 잘못된 길로 접어든 것입니다. 에베소 교인들의 장점에 더해 그리스도인들에게 더 요구할 수 있는 것이 무엇일까요? 사랑이 그중 하나일 겁니다. "너에게 나무랄 것이 있다. 그것은 네가 처음 사랑을 버린 것이다"(계 2:4, 새번역).

사랑은 에베소 교인들의 믿음의 시작점이었습니다. 물론 사랑은 우리 믿음의 시작점이기도 합니다. 기독교의 기초는 엄청난 사랑의 행위입니다. 에베소 교인들과 우리와 하나님께 나아가는 모든 이들을 위한 하나님의 사랑 말입니다. 그들에게 하나님의 사랑은 새 생명의 시작이었습니다. 모든 것이 **온전해지는** 경험이었습니다. 그들은 하나님을 향한 사랑 때문에 목적과 강렬함, 열정이 있는 삶을 살게 되었습니다. 그리고 서로를 향한 사랑은 그 경험을 다양하게 만들고 확장시켰습니다. 그러나 길을 계속 가다 보니 사랑하는 일보다는 다른 모든 일을 계속하는 것이 보다 쉽다는 것을 알게 되었습니다. 그들의 목사는 직설적으로 말했습니다. "네가 어디에서 떨어졌는지를 생각해 내[라]"(계 2:5, 새번역). 그것은 완만하게 멀어짐이 아니라 파국이라 할 만한 추락이었습니다. 긴급한 사안들을 급히 처리하느라 어쩌다 한 가지를 놓친 것이 아니었습니다. 이 떨어짐은 그 함의가 너무나 커서 존재의 중심에서 벗어났다고 할 만한 것이었습니다. 사랑은 다른 모든 일을 한 뒤에 여력이 있을 때 하는 일이 아닙니다. 두말할 것도 없이, 사랑이 바로 우리의 일입니다. 사랑은 우리가 일하는 방식이 아니라 우리의 일 그 자체입니다. 다른 일들이 사랑을 지원할 수 있고 사랑에서 자라날 수 있고 사랑으로 이어질 수 있지만, 우리가 사랑하지 않는다면 창조되고 구원받은 목적을 행하지 않는 것입니다.

에베소 그리스도인들은 왜 그들의 처음 사랑 곧 하나님의 사랑—근본적 사랑, 본질적 사랑—을 버렸을까요? 왜 선하지만 덜 중요한 일들에 인생을 계속 허비했을까요? 사랑보다 다른 모든 일이 더 쉬웠기 때문입니다. 그 일들 중 어느 것도 그 자체로 나쁘거나 해롭지 않았고 대부분이 언젠가는 해야 할 일이었습니다. 그들은 누구도 해치지 않았고 많은 이들을 도왔습니다. 그러나 그것은 그들의 최고의 모습이 아니었습니다. 그들은 하나님의 행하심이 전력으로 작동하는 중심에서 살고 있지 않았습니다. 한마디로, 그들은 게을렀습니다. 그들은 밤낮으로 선행을 하고 진리를 가르치고 거짓에 반대하고 근면함으로 자기 자신과 서로에게 깊은 인상을 심어 주었습니다. 이 모두가 그들이 사랑하기에는 너무 게을렀기 때문입니다.

고대 세계에서 에베소는 사랑의 수도라는 명성이 자자한 곳이었습니다. 에베소에는 다산을 약속하는 사랑의 여신 아르테미스의 거대한 신전이 있었습니다. 수많은 가슴을 가진 이 여신은 여행객들의 호기심을 끌었고, 사랑받지 못하여 사랑을 찾는 이들의 헌신을 끌어들였습니다. 아르테미스는 유명하고 인상적이며 인기가 많았습니다. 그런데 여기에 잘못된 것이 하나 있었습니다. 그것은 사랑이 아니라는 것입니다. 그것은 정욕이었습니다. 욕구의 조작이자 몸의 착취였습니다. 아르테미스는 거짓 광고를 하고 있었습니다. 상품으로 포장된 사랑은 에베소 최대의 산업이었습니다.

그곳에서는 이익을 위해 인간의 욕망을 사고팔았습니다. 자신이 될 수 있는 최고의 모습을 추구하고 갈망한 사람들이 여기에 속아 넘어가 비참한 지경에 이르렀습니다. 건강한 성욕이 더러운 포르노로 전락했습니다. 그러나 이 도시에는 진짜를 알고 있는 사람들이 있었습니다. 주는 사랑, 수용하는 사랑, 희생적이고 구속적인 사랑, 약속을 지키는 사랑, 받기 위해서가 아니라 주기 위해 애쓰는 사랑, 사람을 황폐하고 천하게 만드는 것이 아니라 채우고 풍요롭게 만드는 사랑, 일상의 모든 일에서 더 나음, 탁월함, 열정, 온전함을 추구하게 하는 사랑.

하지만 에베소의 이 그리스도인들은 브룩 농장의 호손처럼 중도에서 포기하고 말았습니다. 사랑이 너무나 버거웠기 때문입니다. 사랑은 그들의 자아 전부를 요구했습니다. 전 존재를 그리스도 안에 둘 것을 요구했습니다. 사랑을 포기하는 것이 그리 나쁜 일이 아닌 것처럼 보였습니다. 어쨌든 교회에는 해야 할 중요한 일이 많았고, 도덕적 삶을 이어가야 했으며, 도시에는 맞서 싸워야 할 온갖 악이 있었습니다. 그러다 그들은 요한의 편지를 받았습니다. 편지를 통해 그의 환상을 들었고, 바로 자신들을 향한 메시지를 받았습니다. 저는 그 메시지의 내용을 이렇게 풀어 쓰고자 합니다.

나는 너희가 하고 있는 온갖 좋은 일을 안다. 그러나 너희에게 나무랄 것이 있다. 너희는 중도에서 포기한 자들이다! 너희는 처음 사랑을 버렸다. 너희가 경험하고 나누도록 부름받은 처음 사랑 말이다. 그것도 하고 많은 곳 중에 에베소에서. 그곳에서는 수많은 사람들이 진짜 사랑을 찾아 헤매다 가짜 대체물들만 잔뜩 사들인다. 그런데 그거 아느냐? 이제 잘 들어라. 너희는 더 이상 교회 일도 할 필요가 없고, 도덕을 전시할 필요도, 악과 싸울 필요도 없다. 내게 필요한 것은 그리스도인의 중요하고 본질적인 일을 할 사람들이다. 내게 필요한 것은 사랑할 사람들이다. 그리스도를 사랑하고 그리스도의 사랑을 받고, 이웃을 사랑하고 이웃의 사랑을 받을 사람들이다.

사랑은 그리스도께서 지금도 우리에게 요구하시는 것입니다. 그분은 사랑 없는 채로 일하지 않으십니다. 우리가 사랑하지 않는다면, 사랑할 다른 사람을 찾으실 것입니다. 그리스도께서는 우리 기준에 맞추어 그분의 기준을 낮추지 않으실 것입니다. 오히려 우리를 그분의 수준으로 끌어올리실 것입니다. **사랑하게 만드실 것입니다.** 결국, 우리는 우리의 사랑으로 심판을 받을 것입니다. "너에게 나무랄 것이 있다 I have this against you. 그것은 네가 처음 사랑을 버린 것이다"(계 2:4, 새번역). 참으로 끔찍한 말씀입니다. 우리 편이신 하나님이 우리를 대적하시다니요! against us 그러나 그분이 사랑 없이 살아가는 우리를 그저 내버려두신다면 그것이 과연 우리를 위하는 일이겠습니까?

에베소 그리스도인들의 가장 강력했던 덕이 그들 실패의 근원이 되었습니다. 그들은 옳고 바른 삶을 위해 너무 열심히 일하다가 자신들이 누구 앞에서 선한 행실을 하는지, 자신들의 의가 다른 이들에게 어떤 영향을 미치는지 잊었습니다. "네가 처음 사랑을 버렸다"는 말은 처음 사랑을 잃어버렸다는 의미입니다. 사도 바울은 비슷한 문제가 있었던 고린도의 그리스도인들에게 다음과 같이 써 보냈습니다.

> 내가 사람의 방언과 천사의 말을 할지라도 사랑이 없으면 소리 나는 구리와 울리는 꽹과리가 되고 내가 예언하는 능력이 있어 모든 비밀과 모든 지식을 알고 또 산을 옮길 만한 모든 믿음이 있을지라도 사랑이 없으면 내가 아무것도 아니요 내가 내게 있는 모든 것으로 구제하고 또 내 몸을 불사르게 내줄지라도 사랑이 없으면 내게 아무 유익이 없느니라(고전 13:1-3).

에베소의 그리스도인들은 그리스도인 생활의 초창기에만
해도 열정적으로 사랑했습니다. 이교도들이 그들의 행실을 보고
이렇게 외쳤습니다. "저들은 서로를 정말 사랑하는구나!" 그들 안
에서 변화의 능력이 작용하고 있었습니다. 그들은 원수가 된 자들
을 화해시켰고, 가난하고 병든 사람들을 도왔으며, 기쁨으로 예배
했습니다. 그들이 하는 모든 일에는 주님과 형제자매를 향한 사랑
이 넘쳤습니다.

예레미야는 주전 6세기에 이스라엘 족속에게 설교했습니
다. 당시의 이스라엘도 일은 열심히 했지만 사랑은 잊어버린 지
오래된 상태였습니다.

> 네가 젊은 시절에 얼마나 나에게 성실하였는지,
>
> 네가 신부 시절에 얼마나 나를 사랑하였는지,
>
> 저 광야에서, 씨를 뿌리지 못하는 저 땅에서,
>
> 네가 어떻게 나를 따랐는지, 내가 잘 기억하고 있다(렘 2:2, 새번역).

처음에는 사랑의 관계가 있었습니다. 초창기에는 우리를 사
랑하시고 우리를 위해 자신을 주신 하나님에 대한 우리의 생각이
삶을 지배했습니다. 연애 시절 같았고, 신혼 시절 같았습니다. 기
억하십니까?

그러다가 우리 주님은 에베소의 그리스도인들을 점검하셨
고 나무랄 부분을 발견하셨습니다. 그들이 사랑을 버린 일이었습
니다. 그분은 우리도 검사하시고 똑같이 나무랄 부분을 발견하십

니다. 그러나 주님은 진단만 내리지 않고 치료제도 처방하셨습니다. "네가 어디에서 떨어졌는지를 생각해 내서 회개하고, 처음에 하던 일을 하여라. 네가 그렇게 하지 않고, 회개하지 않으면, 내가 가서 네 촛대를 그 자리에서 옮기겠다"(계 2:5, 새번역). 주님은 생각해 내고(기억하고), 회개하고, 다시 처음에 하던 일로 돌아가라고 말씀하십니다.

죄를 기억해도 냉담함과 반항으로 이어진다면 아무 소용이 없습니다. 회개는 우리에게 진정한 안정감을 주었던 처음의 진리들, 처음의 현실로 돌아가겠다는 결심입니다. 일상의 나날들은 우리 삶의 최고의 실재들에 녹이 슬고 부식이 일어나게 만들 수 있습니다. 그래서 가끔씩 깨끗이 씻어 낼 필요가 있습니다. 여기에는 몇 가지 변화가 필요합니다. 우리는 그리스도께서 우리에게 참으로 의미심장했던 바로 그 처음 상태로 돌아가야 합니다.

ↄↄ

지금 당장 중요한 것은 시험에 통과하는 것이 아니라 시험을 **치르**는 것입니다. 시험을 치른다는 것은 그 기준으로 판단을 받기 원한다고 인정하는 것입니다. 시험을 치름으로써 하나님의 사랑을 공개적으로 부여잡고 세상에서 다른 중요한 것은 없는 것처럼 그분을 받아들이고 나누게 됩니다. 실제로 그분 외에는 다른 어떤 것도 중요하지 않기 때문입니다.

하나님의 점검은 긴박한 약속으로 마무리되었습니다. "귀 있는 자는 성령이 교회들에게 하시는 말씀을 들을지어다. 이기는 그에게는 내가 하나님의 낙원에 있는 생명나무의 열매를 주어 먹게 하리라"(계 2:7).

이 약속은 허투루 주어진 것이 아니었습니다. 유쾌한 하나의 선택지로 주어진 것이 아니었습니다. 여기에는 절박함과 필요성이 담겨 있습니다. 귀가 있는 사람은 **듣습니다**. 헨리 워드 비처 Henry Ward Beecher는 이렇게 말한 적이 있습니다. "이 땅의 교회들에는 수없는 설교로 끊임없이 이루어지는 마찰 때문에 머리가 벗겨진 대머리의 묵은 죄인들이 널려 있다. 그들을 겨냥했던 수많은 설교들은 반사되어 뒷좌석에 앉은 사람을 쳤다."[1]

이 약속의 내용은 처음 사랑을 다시 붙드는 그리스도인—그리스도의 부르심에 합당한 존재가 되는 사람—은 하나님의 낙원에 있는 생명나무의 열매를 먹을 거라는 것입니다. 이 약속은 창세기와 생명나무가 열리는 동산, 아담과 하와가 쫓겨난 동산, 누구도 먹지 못했던 생명나무로 우리를 다시 데려갑니다. 생명나무는 우리가 하나님과 함께 영원히 살 수 있게 해주는 열매를 맺습니다. 그것은 우리 필요를 궁극적으로 채우는 음식입니다. 처음 사랑으로 돌아감으로써 우리는 처음 음식으로 보상을 받습니다. 우리의 기원으로 돌아가는 일에는 하나님께 돌이키는 일도 포함됩니다. 그분은 우리를 사랑할 뿐 아니라 먹이기도 하시는 분입니다. 사랑의 하나님과 그분이 목숨을 버려 사랑하셨던 세상으로 돌아갈 때, 우리는 에덴동산으로 귀환하게 됩니다.

자신을 점검하십시오. 그리스도에 대한 처음 사랑과 신앙의 초기에 이웃을 향해 쏟아내던 사랑에서 벗어나셨습니까? 형제자매를 참으로 사랑하십니까? 기억하고, 회개하고, 처음에 하던 일을 하십시오. **사랑하십시오.**

그리스도를 기억하여 그렇게 하십시오.

아멘.

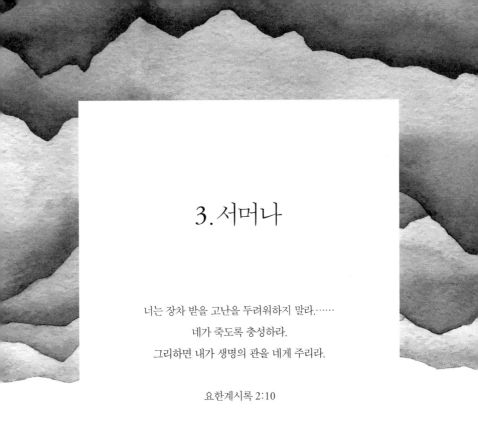

3. 서머나

너는 장차 받을 고난을 두려워하지 말라.……
네가 죽도록 충성하라.
그리하면 내가 생명의 관을 네게 주리라.

요한계시록 2:10

This Hallelujah Banquet

우리의 고난에 대한 점검

여름에 바다로 가는 길—일 년에 한두 번 하는 여행—을 한 시간 반 정도 운전한 뒤, 더워지고 지루해질 무렵 델라웨어의 서머나라는 마을로 들어섰습니다. 그 명칭은 자명종의 울림처럼 저를 깨웠습니다. 그리고 오른쪽으로 세인트폴리캅 교회가 보였습니다. 또 한 번 자명종이 울렸습니다. 두 이름은 제 뇌세포의 기억 흔적을 활성화시켜 해변까지 남은 길 내내 정신을 바짝 차리게 해주었습니다.

미국의 고속도로에서 운전하는 일은 위험합니다. 목숨을 보존하고 안전과 편안함을 유지하고 싶다면 고속도로를 멀리하십시오. 고속도로에서는 죽일 작정이라도 한 듯 갑자기 돌진해 오는 음주 운전자를 피해야 할 뿐 아니라, 지금 누리는 삶을 포기하라고 요구하는 이야기들을 떠올리게 하는 온갖 마을도 피해야 합니다. 오래전에 성경 읽기를 그만두고 몇 년 동안 교회에 나가지 않았던 사람들이 나자레스(나사렛), 베슬리헴(베들레헴), 베세즈다(베데스다), 조파(욥바), 다마스커스(다메섹)를 지나다 보면, "자기를 부인하고 날마다 제 십자가를 지라"고 하셨던 예수님과 "내가 그리스도와 함께 십자가에 못 박혔다"고[1] 말했던 바울의 옛 목소리가 부지불식간에 다시 들려오면서 옛 기억들이 밀려옵니다. 에프러타(에브라다), 베서니(베다니), 필라델피아(빌라델비아), 서머나 사이를 달리다가 복음 이야기의 매복 공격을 당합니다.

이 소도시들을 통과하는 일이 제게 큰 영향을 주는 이유는 제가 자라난 곳에서는 이와 같은 지명을 볼 수 없었기 때문입니다. 모든 아이에게 그렇듯, 제게도 이름이 중요했습니다. 저는 몬태나와 워싱턴에서 자랐고, 어린 시절 가족과 함께 차를 타고 그곳의 도로들을 지날 때면 근처 소도시들의 이름을 듣곤 했습니다. 미줄라, 킬라, 쿠트나이, 포커텔로, 이사콰, 퓨알럽, 세큄, 야키마, 왈라왈라. 그 이름들은 멋졌고 대부분 인디언의 이름이었으며, 어느 곳에서도 만날 수 없는 황야를 떠올리게 했습니다. 그 생경한 이름들 틈에 리비가 있었습니다. 리비는 어느 나무꾼의 여자친구나, 덫을 놓는 사냥꾼의 떠난 애인일지도 모릅니다. 저의 어린 마음은 그런 사연들을 상상했습니다. 그리고 리비에서 멀리 떨어지지 않은 곳에 유레카가 있었습니다. 뜻밖의 장소에서 만난 문화의 증거라고 할까요. 유레카는 "찾았다!"는 뜻을 가진 그리스어 감탄사입니다. 가끔 저는 이런 의문이 들었습니다. '도대체 그곳에서 누가 무엇을 찾았다는 걸까? 깊숙한 산맥 안쪽에 자리 잡은 곳에

감탄할 만한 것이 있었을까?'

서부를 떠나 동부로 갔을 때 제가 깜짝 놀란 것들 중 하나가 도시들의 이름이었습니다. 제가 성경에서 읽었던 이름들, 그러니까 베슬리헴, 나자레스, 세일럼(살렘), 베델, 조파, 헤브론, 에마우스(엠마오), 에프러타, 베서니, 베세즈다가 있었습니다. 동부 해안 위아래로 다른 지도 곧 믿음의 지도에서 이름을 따온 도시들이 죽늘어서 있습니다. 이 평야와 골짜기를 따라 여행했던 이들은 인디언이나 사냥꾼이나 나무꾼이 아니라 순례자였습니다. 그들은 주님을 따르는 제자였고, 그들의 여행에는 이삼천 년 전 믿음의 사람들의 여행과 비슷한 요소가 있었습니다. 그리고 그곳은 같은 이름의 도시들이 있는 수천 마일 떨어진 곳과는 지형이 달랐습니다. 저는 차를 몰고 베슬리헴이나 필라델피아나 베세즈다나 고센이나 조파에 들어서는 순간을 아주 좋아합니다. 우리는 성경의 지리에서 멀리 떨어져 있지만 여전히 성경의 경험 안에 있습니다.

그런데 '서머나'의 경우는 좀 다릅니다. 델라웨어 주에 자리잡은 서머나는 해변으로 도피하는 저의 길을 가로막습니다. 왜일까요? 서머나는 그리스도인들이 그리스도를 부인하기를 거부한 채 고난받고 죽음을 택한 곳입니다. 그들의 목사 요한은 위대한 비전을 제시하여 그들이 의지를 다지게 했습니다. "너는 장차 받을 고난을 두려워하지 말라.……네가 죽도록 충성하라. 그리하면 내가 생명의 관을 네게 주리라"(계 2:10). 그들은 두려워하지 않았습니다. 그들은 죽었습니다. 그리고 생명의 월계관을 받았습니다.

그 순교자들 중 한 사람이 폴리캅입니다. 왜 미국 서머나의 회중은 교회 이름을 '폴리캅'이라고 지었을까요? 폴리캅은 성경에 나오지 않습니다. 요한이 계시록을 썼을 때 그는 서른 살 정도였습니다. 오십 년 후 그는 같은 교회의 목사로 있었고 또 다른 박해의 파도가 밀려왔습니다. 앞서 요한이 체포되었던 것처럼, 폴리캅도 체포되었습니다(기억하십시오. 요한이 서머나 교회에 보낸 메시지에서 겨냥했던 사람들 중에는 폴리캅도 있었습니다! 담임목사 요한이 보낸 글은 폴리캅을 격려했습니다).

폴리캅은 그리스도인들이 화형당하는 장면을 보려고 큰 군중이 모여 있던 경기장으로 끌려갔습니다. 화형식은 NFL(미국 프로미식축구) 경기와도 같았습니다. 그것은 오늘날 프로미식축구 팀들이 군중을 끌어모으듯(아마도 어느 정도 같은 이유로) 사람들을 끌어모았습니다.

총독이 폴리캅을 경기장 한복판에 세우고 대면하여 말했습니다. "그리스도를 저주하라."

그는 대답했습니다. "나는 팔십육 년 동안 그분을 섬겼는데, 그분은 한 번도 내게 잘못한 적이 없습니다. 나를 구원하신 내 왕을 어떻게 모독할 수 있겠습니까?"

총독은 집요했습니다. "카이사르의 수호신의 이름으로 맹세하라."

폴리캅은 대답했습니다. "내가 누구인지 모르시는군요.…… 나는 그리스도인입니다."

총독은 고함쳤습니다. "나에겐 야생짐승들이 있다. 마음을 바꾸지 않으면 너를 그 짐승들에게 던질 것이다."

폴리캅이 말했습니다. "짐승들을 부르십시오. 더 나은 상태에서 그보다 못한 상태로 돌이키는 것은 우리에게 허락되지 않으니까요. 그러나 악한 상태에서 의로운 상태로 옮겨가는 것은 고결한 일입니다."

총독이 말했습니다. "네가 야생짐승들을 우습게 여긴다면 너를 불사르겠다."

폴리캅이 대답했습니다. "총독께서 위협하시는 불은 기껏해야 한 시간 동안 타오르고 얼마 후면 꺼집니다.……왜 지체하십니까? 자, 원하는 대로 하십시오."

폴리캅은 뜻을 굽히지 않고 차분하게 서 있었습니다. 죽음의 불이 붙었습니다. 그리고 그는 세상이 지켜보는 가운데 불탔습니다.

어느새 저는 도로를 따라 몇 마일을 내려가고 있었고, 제 머릿속은 서머나와 폴리캅에 대한 상상으로 요동쳤습니다. 그 이야기들은 제게 순교자의 자질을 시험합니다. 누가 나의 영웅인가? 제멋대로 하는 자들인가, 자기를 희생하는 이들인가? 나는 고난을 기꺼이 받아들이는가? 그리스도께 신실하여 자아가 조금씩 죽어가고 있는가, 아니면 나 자신을 필사적으로 붙들고 있는가?

우리는 눈 깜짝할 사이에 레호보스(르호봇) 해변에 도착했습니다. 복음을 알리는 또 다른 지명입니다! 아브라함과 사라의 아들 이삭은 그랄 골짜기에서 연이은 고난과 상실을 겪었습니다. 그는 우물을 팠지만 빼앗겼습니다. 그래서 또 다른 우물을 팠는데 그것마저 빼앗겼습니다. 그러나 그는 믿음을 갖고 포기하지 않았습니다. 세 번째 우물을 팠는데 이번에는 뜻밖에도 아무 문제가 없었습니다. 그는 그것을 르호봇('널찍한 곳'이라고 번역하겠습니다) 곧 넓은 장소에 있는 깊은 우물이라고 이름 지었습니다. 이삭이 그 우물을 얻을 수 있었던 것은 자신의 생명처럼 여긴 것을 포기 했기 때문이었습니다. 자아가 죽지 않고는 그리스도의 생명을 얻지 못합니다. 사순절을 통하는 것 외에 부활절로 가는 길은 없습니다. 르호봇으로 가는 유일한 길은 서머나를 통과합니다.

❧

요한이 목회했던 교회는 모두 일곱 군데였고, 두루마리 환상은 그들 모두에게 전해졌습니다. 이 환상을 전한 것은 그들을 격려하고, 예수 그리스도에 대한 그들의 고백과 충성이 실은 혁명적 행위로 모든 현실을 폭력적이고 잔혹한 파괴의 장에서 생명을 사랑하는 강력한 창조의 장으로 바꿔 놓는 변화의 일부였다고 확신하게 하려는 것이었습니다. 그 환상 중간에는 일곱 교회 회중들 각각을 위한 일곱 개의 메시지가 삽입되었습니다. 에베소는 경고를 받았습니다. "네가 처음 사랑을 버렸다." 한편 서머나는 약속을 받았습니다(물론 제가 풀어 쓴 말입니다). "상황은 더 나빠질 것이다. 지금보다 더 심한 고난을 겪을 것이다. 굴복하지 마라. 죽기까지 충성하라. 그러면 내가 네게 생명의 관을 줄 것이다."

어째서 삼백 년 전 델라웨어에 모인 사람들이 마을 이름을 서머나라고 지었을까요? 그 이유가 궁금합니다. 위험한 시기였을까요? 신앙을 버리라는 유혹을 받았을까요? 이보다는 부담이 적지만 그리스도인으로서의 삶의 방식을 버리라는 모종의 압력을 받은 것일까요? 그들은 자신들을 위해 죽으신 주님으로부터 조금이라도 멀어지기보다는 기꺼이 죽음을 택하려 했던 사람들과 자신을 동일시한 것일까요?

우리는 폴리캅이 죽음을 맞을 때 그의 담임목사 요한이 전한 말씀이 귀에 쟁쟁했을 거라고 확신할 수 있습니다. 처음이자 나중이신 분, 죽었다가 살아나신 분의 말씀 말입니다. "내가 네 환난…을 알거니와……네가 죽도록 충성하라. 그리하면 내가 생명의 관을 네게 주리라"(계 2:9-10). 그리고 한 무리의 초기 미국인 그리스도인들이 교회 이름을 폴리캅이라고 지었습니다. 왜 그랬을까요? 죽기까지 신실했고 박해 앞에서도 두려워하지 않았던 사람의 본을 늘 기억하고 싶어서였는지도 모릅니다. 생명에서 죽음이 아니라 죽음에서 생명으로 가는 것이 바른 순서임을 명심하기 위해서 말이지요.

13번 도로를 타고 달리다가 속도를 줄이고 소도시 서머나를 통과해서 세인트폴리캅 교회의 표지판을 볼 때, 저의 행선지는 해변이었습니다. 누구의 압박도 받지 않고 몇 시간을 즐겁게 보내려고 말이지요. 제 상황은 가난에 찌든 사람들, 엄청난 고난에 빠진 사람들, "세상의 조건에 따라 살기 위해 신앙을 버려야 할까, 아니면 세상의 조건에 따르는 삶을 버리고 그리스도를 위해 죽어야 할까?" 같은 어려운 질문들에 직면한 이들과 완전히 딴판입니다. 제가 사는 문화와 사회에서는 대부분의 사람들이 희생이라는 단어의 의미를 모릅니다. 이곳에서 고통은 어떻게 해서든 피해야 할 것이고, 피할 수 없을 때는 불평의 대상이 됩니다. 이런 사회문화에서 자신의 생명을 보존하고 연장하는 일보다 더 중요한 것이 있다는 것은 생각하기 어렵습니다.

교회의 생애 중 첫 삼백 년 동안 그리스도인의 삶의 가장 중요한 단일 모델은 순교자의 모델이었습니다. 순교자는 죽음을 무릅쓰고 진실한 증언을 하는 사람입니다. 신앙을 갖게 되면 죽음에 이를 정도의 갈등이 따라오곤 했던 사회에서 순교는 따라야 할 본이 되었습니다. 우리 시대의 모델은 이와 사뭇 대조적입니다. 그 시대와 우리 시대의 거리가 얼마나 먼지는 우리 시대의 모델이 그때와 어떻게 다른지 보면 알 수 있습니다. 운동선수나 백만장자, 연예인들은 자신이 이룬 성과와 삶의 방식을 다양하게 보여주면서 죽음이 우리와 멀리 떨어져 있다고 생각하게 만듭니다. 운동선수는 힘차게 몸을 씀으로써, 백만장자는 편안함과 쾌락을 누릴 힘을 발휘함으로써, 연예인은 어두운 생각과 염세적 태도를 몰아냄으로써 그렇게 합니다.

그러나 신앙의 모델은 오랫동안 순교자였습니다. 그리고 일부 그리스도인들에게는 지금도 여전히 그렇습니다. 여러분은 자신의 믿음을 위해 죽을 의향이 있습니까? 신앙을 좇기 위해 어떤 것을 포기할 의향이 있습니까? 때로는 최후의 죽음만큼이나 어려워 보이는 작은 죽음들을 받아들일 수 있습니까? 야망의 충동, 정욕과 교만과 안전과 편안함의 충동에 대해 죽는 것을 받아들일 수 있습니까?

여기서 우리는 그리스도인의 신앙생활 전반에 걸쳐 있는 역설 하나를 보게 됩니다. 순교자 시험에 통과하기 전에는 깊게도 넓게도 살지 못한다는 것입니다. 그리스도를 위해 죽을 준비가 되기 전까지는 거리낌 없이 터놓고 활기차게 그분을 위해 살 수 없습니다. 우리가 있는 힘을 다해 자신의 이익을 보호하고 안전을 보존하고 가진 것을 한사코 지키고자 반대세력과 협상하고 타협하려 하면, 우리는 변변찮게 살게 될 것입니다. 그러나 위험을 감수하면서 모든 것을 포기한 채 증언과 헌신과 사랑에 전념한다면, 죽음에서 벗어나 부활의 능력 안에서 살게 됩니다.

∽

저는 이런 질문들을 여러 번 스스로에게 던져 보았습니다. 고난을 겪고 있는 사람에게 할 수 있는 최선의 말은 무엇일까? 무엇이 **참된** 말일까? 고통받는 사람에게는 무슨 말을 해야 할까? 제가 무슨 말을 하건 언제나 모종의 민망함이 남습니다. 결국 고난받는 사람은 제가 아니니까요. 믿음의 시련, 의식의 시련, 의미의 시련을 겪는 이는 제가 아닙니다. 그러니 무슨 말을 하든지 거기에는 뭔가 주제넘은 것, 오만의 요소가 있지 않을까요? 상대방은 이렇게 응수할 것입니다. "좋은 말씀입니다만, 목사님은 당사자가 아니잖습니까." 게다가 제가 엉뚱한 말을 할 위험도 간과할 수 없습니다. 괜히 엉터리 희망을 심어 주는 말을 했다가 결과적으로 더 깊은 환멸을 느끼게 하면 어떡합니까? 완전히 엉뚱한 소리를 내뱉어 도움은커녕 방해만 되면 어떡합니까?

사도 요한이 전한 예수 그리스도의 계시를 통해 권면의 말을 받은 두 번째 교회는 고난받는 교회였습니다. 그들의 고통을 가장 깊이 염려했던 요한은 목사로서 하나님의 참된 말씀을 그들에게 전했습니다. 먼저 그는 그리스도께서 그들에게 하실 말씀이 있다고 말하면서 그리스도를 "처음이며 마지막이요 죽었다가 살아나신 이"(계 2:8)라고 불렀습니다. 그리스도께서 "처음이며 마지막"이라는 것은 그분 안에 모든 것이 포함된다는 의미입니다. 그분은 시작할 때 계시고 끝날 때도 계십니다. 그 사이의 모든 일은 그분이 계시는 상황에서 일어납니다. 그분은 연극이 거반 끝났을 때 현장에 나타나시는 분이 아니고, 마지막 커튼이 내려지기 전에 떠나시지도 않습니다. 그분은 처음이자 마지막이십니다. 고난받는 교회에 이것은 상당히 중요한 말씀입니다. 그리스도께서는 처음부터 계십니다. 우리는 그분의 임재 없이 인생을 시작하지 않았습니다. 지금 우리의 상태가 어떠하든, 하나님 없이 혼자서 여기에 이른 것이 아닙니다. 그리고 그분은 끝까지 여기 계십니다. 우리가 고통 중에 아무리 그분의 임재를 잃어버린 것처럼 보여도, 그분은 자리를 뜨신 적도 우리를 두고 가신 적도 없습니다. 존재는 그리스도의 처음과 마지막이라는 경계 바깥에서 발생하지 않습니다. 우리는 그분의 은혜로 둘러싸여 있습니다.

사도 요한이 "처음이며 마지막"의 평행구로 사용한 구절은 아주 놀랍습니다. "죽었다가 살아나신 이", 이것은 우리가 아는 사람들을 흔히 묘사하는 방식과 정반대입니다. 우리는 "누가 태어나고 죽었다"고 말합니다. 생명이 시작이고 죽음이 끝이라고 생각합니다. 우리가 고난을 무서워하는 이유는 고난으로 끝이 더 가까워지는 것 같아서입니다. 그러나 요한은 그리스도를 정반대 방식으로 소개합니다. "죽었다가 살아나신 이." 그분에게는 죽음이 시작입니다. 죽음은 재난이 아니라 부활로 이어집니다. 그리고 바로 이 사람—우리가 고난받듯이 고난받으셨고, 우리가 앞으로 느낄 그 어떤 고통보다 더 깊은 고통을 느끼셨으며, 괴로움, 의심, 두려움을 견디셨고, 마침내 죽음마저 겪어내신 이 사람—이 죽음을 출발점으로 삼으시고 살아 있는 생명의 말씀을 들려주십니다.

이런 그리스도께서 우리에게 하시는 말씀이기에 우리는 그 말씀이 안전한 상태로 멀찍이서 하는 말, 건강하고 유쾌한 사람이 고통 때문에 우울한 사람에게 하는 말인 것처럼 분개할 수 없습니다. 그리스도께서는 우리가 느끼게 될 모든 것을 느끼셨습니다. 우리는 그분의 말씀이 이전의 모든 일이나 미래에 닥칠 모든 일을 온전히 포괄하지 못한다고 오해하고 무시할 수 없습니다. 그렇습니다. **그리스도께서는 처음이자 마지막이십니다.** 그분은 이전의 나날들을 아시고 다가올 나날들에도 우리와 함께하실 것입니다. 이런 분이 고난받는 사람에게 말씀하십니다. 그리스도의 말씀에 권위가 있는 것은 모든 일을 친히 겪으셨기 때문이고, 죽음을 비롯한 고난의 모든 측면을 자신의 삶에서 친히 시험해 보고 진리를 말씀하시기 때문입니다. 바로 이 그리스도께서 서머나 시의 그리스도인들을 점검하시고 이렇게 말씀하셨습니다. "내가 네 환난과 궁핍을 알거니와 실상은 네가 부요한 자니라. 자칭 유대인이라 하는 자들의 비방도 알거니와 실상은 유대인이 아니요 사탄의 회당이라"(계 2:9).

우리는 이 말씀을 통해 서머나의 그리스도인들이 당하던 고난의 본질을 부분적으로 재구성해 볼 수 있습니다. 그들은 환난을 당했습니다. 이 단어는 문자적으로 "압력"을 뜻하고,[2] 그들이 살던 사회에서 나왔습니다. 당시 사회의 풍조는 이교적이었고 로마 정부가 다스리고 있었습니다. 압력은 이 두 요소가 결합된 법에서 나왔는데, 그 내용은 사회의 모든 구성원이 황제를 숭배함으로써 충성을 증명해야 한다는 것이었습니다. 법을 만든 사람들의 관점에서는 나쁜 법이 아니었습니다. 로마는 고유의 언어, 관습, 종교, 생활습관을 가진 다양한 민족들로 이루어진 거대한 제국을 통합해야 했습니다. 로마 정부는 황제라는 통합점을 찾아냈습니다. 황제를 신으로 선포했고, 황제를 신으로 숭배할 의향으로 모두의 충성도를 시험했습니다. 그것은 진보적 정책이었습니다. 한 가지 조건만 만족시키면 누구나 삶의 모든 영역에서 내키는 대로 할 수 있었으니까요. 정부의 신전에 가서 간단한 희생물을 바치고 "카이사르가 주님이시다"라고 공개적으로 선언하면 끝이었습니다. 그다음에는 얼마든지 원하는 다른 신을 예배할 수 있었고, 모든 거래에 자유롭게 참여할 수 있었으며, 어떤 언어든 사용할 수 있었습니다.

그러나 그리스도인들은 그것을 거부했습니다. 그들은 "그리스도께서 주님이시다"라고 말했고, 카이사르에게 자리를 내어주기 위한 타협을 절대 시도하지 않았습니다. 그러자 압력이 거세지고 의심이 커졌습니다. 박해가 시작되고, 불안이 만연한 가운데 그리스도인들은 끊임없이 지독한 괴롭힘을 당했습니다.

그리고 그들에게 궁핍이라는 경제적 결과가 찾아왔습니다.

그들은 로마의 규칙에 따라 움직이지 않았기 때문에 철저히 배제되었습니다. 상인으로 물건을 팔기 어려웠고, 소비자로 물건을 사기도 어려웠으며, 노동자로 일자리를 구하기도 어려웠습니다. 그들은 다른 사람들이 모두 하는 일을 거부했다는 이유로 의심을 받았습니다. 믿을 수 없는 존재라는 평판 때문에 사업 및 작업 공동체에서 분리되었습니다. 그래서 그들은 가난했습니다.

이런 상황에서 "자칭 유대인이라 하는 자들의 비방"(계 2:9)이 더해졌습니다. 그리스도인들은 유대인들 중에 동지가 있을 거라고 생각했을 수도 있습니다. 유대인들은 신앙 때문에 몇 세기에 걸쳐 너무나 많은 고난을 당했기 때문입니다. 그러나 그리스도인들은 유대인들의 무리에서 동지를 발견하지 못했습니다. 오히려 유대인들은 그들을 저주했습니다. 저주는 그들의 곤경에 대한 유대인들의 신학적 해석에서 나왔습니다.

유대인들 사이에는 번영과 의로움을 동일시하는 오래된 사고방식이 있었습니다. 구약성경에서 그 흔적을 찾아볼 수 있습니다. 선한 사람은 부자일 거라는 생각입니다. 올바르게 행하면 장수와 건강과 풍요의 보상을 받습니다. 반면, 악한 자는 가난과 질병으로 처벌을 받습니다. 유대인들은 가난하고 박해와 고난을 받는 그리스도인들을 보고 이단적인 결론을 내렸습니다. "너희 그리스도인들이 그렇듯 형편이 안 좋은 것은 하나님이 너희를 벌하고 계시기 때문이다." 이러한 생각은 그리스도인들에게 가장 강력한 치명타였을 것입니다. 숱한 고난을 당해도 거기에 올바른 이유가 있다면 감내할 수 있습니다. 그러나 그 인내가 모두 헛된 일이고, 그 모든 고통이 잘못된 생각 때문이라고 다른 이들이 말한다면 낙심 천만하게 될 것입니다.

이 모든 상황에 대해 그리스도께서 말씀하셨습니다(물론 제가 풀어 쓴 것입니다). "나는 안다. 너희의 환난, 너희의 가난, 너희가 받는 유대인들의 비방을 안다." 그리스도께서는 그들이 겪고 있는 모든 일을 알고 계셨습니다. 고난이 미치는 최악의 영향 중 하나는 그로 인해 찾아오는 고립감입니다. 고통당할 때 우리는 하나님 및 모든 친구와 단절되었다고 느낍니다. 최근에 한 친구가 제2차 세계대전 중에 오스트리아에서 폭격 임무를 마치고 북아프리카의 기지로 복귀하던 때에 있었던 일을 말해 주었습니다. 복귀 도중 비행기 엔진에 문제가 생겨서 지중해로 추락하기 시작했습니다. 그는 자신이 죽을 거라고 확신했습니다. 그러나 그는 그런 상황에서 나타날 법한 전형적인 반응을 전혀 보이지 않았고, 인생의 장면들이 순식간에 지나가는 것도 보지 못했습니다. 그의 생각은 한 가지뿐이었습니다. '내가 죽어 가는데 아무도 모르는구나. 내가 바다에 빠지는 걸 아무도 몰라. 무슨 일이 벌어졌는지 아무도 모를 거야.'

예수님은 고난받는 사람들에게 사실상 이렇게 말씀하십니다. "내가 안다. 나는 네가 겪고 있는 일을 다 안다. 내가 경험했기 때문에 안다. 너의 경험 속에서 너와 함께했기 때문에 안다. 나는 고난을 겪었다. 나는 죽었다. 그래서 너의 고난과 죽음을 안다." 누군가가 병들었거나 고난받을 때 우리가 그를 생각하고 그를 위해 기도한다고 말하는 것은 우리 주님의 "내가 안다"를 반영하는 일이고 거기에 동참하는 일입니다. 그에게 꽃이나 카드, 편지를 보내고 방문할 때, 우리는 그리스도와 함께 살아가는 이들이 되고 주님이 함께하신다는 증거이자 주님이 아신다는 표증이 됩니다. 물론 우리의 행위는 부분적이고 단편적입니다. 그러나 그것은 주님이 우리의 고통과 다가올 죽음을 완전하게 아신다는 사실을 떠오르게 합니다. 우리는 고립되지 않습니다. 하나님은 물론이고 그분의 사람과도 분리되지 않습니다. 그분은 아시고 우리와 함께하십니다.

ભ

그리스도께서는 서머나의 그리스도인들을 점검하시고 가장 깊은 고난을 다루셨습니다. 이어서 권면의 말씀을 하시고 처방을 내리셨습니다. "너는 장차 받을 고난을 두려워하지 말라. 볼지어다, 마귀가 장차 너희 가운데에서 몇 사람을 옥에 던져 시험을 받게 하리니 너희가 십 일 동안 환난을 받으리라. 네가 죽도록 충성하라. 그리하면 내가 생명의 관을 네게 주리라"(계 2:10).

"두려워하지 말라." 두려움이 고난의 주요 부분 아닙니까? 미지의 상황에 대한 두려움, 고립에 대한 두려움, 죽음에 대한 두려움이 있습니까? 그러나 그리스도께서 우리와 함께하십니다. 두려워하지 마십시오.

한 시편 기자는 이렇게 말했습니다. "내가 두려워하는 날에는 내가 주를 의지하리이다"(시 56:3). 예전에 자신의 두려움을 예의주시했던 사람에 관한 이야기를 들었습니다. 그는 두려워했던 일들 중 삼분의 일은 현실화되지 않는 것을 발견했습니다. 또 다른 삼분의 일은 자신의 통제력을 벗어난 것들이었습니다. 아무리

조바심이 나도 그 일들에 대해 아무것도 할 수 없었습니다. 나머지 삼분의 일만이 그의 통제권 안에 있었고 염려하는 것이 의미가 있었습니다. 이후 그는 실체 없는 두려움을 떨쳐냈고, 숙고 끝에 다른 두려움들도 일부 해소할 수 있었습니다. 그리고 나머지 두려움은 직면할 준비를 했습니다. 제가 보기에 이 비율은 대체로 맞는 것 같습니다.

"너희가 십 일 동안 환난을 받으리라." 이 말은 수수께끼처럼 들리지만 아주 간단합니다. "십 일"은 짧은 시간을 뜻하는 그리스어의 흔한 표현이었습니다. 우리 식으로 말하자면 "이삼 일", "삼사 일" 또는 "하루 남짓"에 해당합니다. 그리스도께서는 우리가 환난과 고난을 당하지 않을 거라고 말씀하시지 않습니다. 환난과 고난이 끝이 날 거라고 말씀하십니다. 그것은 제한되어 있습니다. 끝없이 영원히 계속되는 일이 아닙니다.

"죽도록 충성하라." 우리 주님을 신뢰하고 그분을 예배하는 것은 우리가 계속하도록 부름받은 일입니다. 그리스도께서 고난받으시고 죽으시고 다시 살아나셨기에, 고난에는 끝이 있습니다. 우리를 위해 고난을 당하시고 우리가 고난받을 때 생명을 나누어 주시는 분이 계시기에 우리의 고난은 참을 만한 것이 됩니다. 이 문맥에서 "죽도록 충성하라"는 극기를 권하거나 이를 악물고 버티라는 불합리한 촉구가 아닙니다. 이것은 동행과 임재의 약속입니다.

⁊

끝으로, 긴박한 약속이 있습니다. "내가 생명의 관을 네게 주리라.……이기는 자는 둘째 사망의 해를 받지 아니하리라"(계 2:10-11). 그리스어에는 '관'을 뜻하는 단어가 두 개 있습니다. 하나는 왕이 쓰는 관이고, 다른 하나는 경주에서 승리한 운동선수에게 주는 상 또는 다양한 봉사에 참여한 사람에게 공동체가 수여하는 명예입니다. 이 두 번째 단어가 여기에 쓰였습니다. 우리가 고난에 참여할 때, 믿음의 경주에서 경쟁하게 됩니다. 그리고 하나님을 찬양하며 경주를 마무리할 때, 인생에 대한 상으로 관을 받아서 씁니다.

이 구절이 말하는 두 번째 죽음, 이기는 자를 건드리지 못할 죽음은 사람을 하나님으로부터 떼어놓습니다. 우리 모두가 맞이할 첫 번째 죽음은 사도 바울이 쓴 것처럼 우리를 그리스도의 사랑에서 끊을 수 없습니다. 고난을 겪으면서도 신앙을 지키는 사람들은 하나님과 분리되는 고통을 결코 겪지 않을 것입니다. 건강, 친구, 자녀, 아름다운 세상과는 고통스럽게 분리되겠지만, 하나님과는 결코 분리되지 않을 것입니다.

이것에 대해서는 의문의 여지가 없습니다. 처음이자 마지막이신 분, 죽었다가 살아나신 분, "내가 너의 고난을 안다"고 하신 분이 이렇게 말씀하셨습니다. "두려워하지 말라.……죽도록 충성하라.……내가 생명의 관을 네게 주리라.……이기는 자는 둘째 사망의 해를 받지 아니하리라"(계 2:10-11). 이 말씀은 폴리캅과 서머나의 고난받는 그리스도인들의 삶에 힘과 영원성을 부여했습니다. 그리고 이 말씀은 동일하게 우리의 삶에 힘과 영원성을 부여할 수 있습니다.

아멘.

3. 서머나

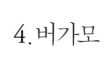

4. 버가모

네게 두어 가지 책망할 것이 있나니
거기 네게 발람의 교훈을 지키는 자들이 있도다.

요한계시록 2:14

This Hallelujah Banquet

우리의 진실함에 대한 점검

우리는 이상한 시대에 삽니다. 이 시대는 말을 만드는 거대한 산업을 보유하고 있습니다. 학교와 컴퓨터의 결합이 오늘날 벌어지는 일들의 대부분을 설명해 줍니다. 학교는 단어를 인식하고 조합하는 법을 가르칩니다. 컴퓨터는 글을 저장하고 처리하고 검색합니다. 말은 한때 사람들이 오후에 잡화점의 배불뚝이 난로 주위에서 소식을 전할 때 쓰던 것입니다. 아가씨에게 시를 써 보낼 때 쓰던 것이며, 으깬 감자와 포크찹을 한 접시 더 달라고 요청할 때 쓰던 것이었습니다. 말은 사용도구일 뿐 조직되지 않았습니다. 말은 인간 조건의 일부였지만 그것으로 사업을 하는 경우는 없었습니다. 그러나 이제 말은 대형 사업입니다.

　이렇게 말을 강조하는 것으로 보아 지금은 말을 그 어느 때

보다 더 연구하고 존중하고 이해할 거라고 생각할 수 있습니다. 그러나 이 부분에서 정말 이상한 현상이 나타납니다. 현대인들은 말을 연구하지도, 존중하지도, 이해하지도 않습니다. 말을 나쁘고 허술하고 부주의하게 사용합니다. 말이 쇠약해집니다. 말 자체보다 말이 할 수 있는 일이 더 중요하게 여겨지고, 말이 할 일을 하고 나면 클리넥스 티슈처럼 버려집니다. 말은 영향력을 행사하는 데 쓰이고, 차를 팔거나 후보자를 널리 알리고, 유혹하고, 설득하고, 선전이나 광고에서 승리하는 데 쓰입니다. 우리 시대의 기술은 말을 말로 사용하는 것이 아니라 무기나 도구로 쓰는 것입니다.

그리스도인의 삶의 크고 지속적인 과제 하나는 진실을 말하는 법을 배우는 것입니다. 진실을 말하는 일의 반대는 거짓을 말하는 것입니다. 우리는 거짓말을 많이 하지요. 우리 대부분이 거짓말을 많이 합니다. 스스로 인식하는 것보다 훨씬 많은 거짓말을 합니다. 진실을 말한다고 생각할 때조차 거짓말을 합니다. 그 이유는 상당히 분명합니다. 행위의 중심에 서고 싶고, 모든 실재, 사람, 사물, 사건을 우리 뜻에 종속시키고 싶기 때문입니다. 우리는 사람들의 반응을 좌우하고 그들의 지각을 조종하고 싶어 합니다. 그 일을 위해서 사람들이 상황을 보고 듣는 방식에 영향을 미칠 수 있도록 자료를 배열하고, 사실을 거르고 정보를 형성하여 우리가 원하는 적절한 반응이 나올 수 있게 합니다.

거짓말은 흔히 노골적인 허위는 아닙니다. 거짓말이 성공하려면 **대체로는** 사실이어야 합니다.

거짓말은 악의의 산물이라기보다는 게으름의 결과입니다.

대부분의 사람들은 좋은 의도에서 거짓말을 합니다. 거짓말을 하면서 자신이 나라나 회사나 본인의 운명에 도움이 되는 일을 하고 있다고, 이것이 최선의 길이라고 생각합니다. 아예 처음부터 나쁜 동기나 사악한 의도로 시작하는 사람들은 별로 없습니다. 우리는 뭔가 좋은 일, 근사한 일, 기분 좋은 일이 일어나길 원할 뿐이고, 거짓말이 이것을 위한 지름길로 보입니다. 거짓말은 진실보다 쉬워 보입니다. 대부분의 사람들은 진실에서 파생되는 결과들을 모두 따라갈 인내력이 없습니다. 그래서 거짓말을 합니다.

> 좌우에 날선 검을 가지신 이가 이르시되……거기 네게 발람의 교훈을 지키는 자들이 있도다(계 2:12-14).

사도 요한이 버가모의 그리스도인들에게 보낸 편지에서 그리스도를 입에서 날카로운 칼이 나오는 분으로 소개할 때, 우리는 그가 뭔가 결정적인 말을 할 것임을 직감합니다. 우리는 변화를 가져올 말을 듣게 될 것입니다.

히브리서에는 이런 말씀이 있습니다.

> 하나님의 말씀은 살아 있고 활력이 있어 좌우에 날선 어떤 검보다도 예리하여 혼과 영과 및 관절과 골수를 찔러 쪼개기까지 하며 또 마음의 생각과 뜻을 판단하나니 지으신 것이 하나도 그 앞에 나타나지 않음이 없고 우리의 결산을 받으실 이의 눈앞에 만물이 벌거벗은 것같이 드러나느니라(히 4:12-13).

우리는 그리스도께서 이런 식으로 소개되는 것을 보면서, 버가모의 그리스도인들이 말을 부주의하게 사용했을 것이라 생각하게 됩니다. 그들은 신앙에 대해 말하는 방식이 모호해졌습니다. 그들이 무슨 일을 하든, 자신들의 신앙에 대한 말은 예리해져야 했습니다. 입에서 칼이 나오는 그리스도께서 버가모의 그리스도인들을 점검하셨고 먼저 크게 칭찬하셨습니다. "네가 어디에 사는지를 내가 아노니 거기는 사탄의 권좌가 있는 데라. 네가 내 이름을 굳게 잡아서 내 충성된 증인 안디바가 너희 가운데 곧 사탄이 사는 곳에서 죽임을 당할 때에도 나를 믿는 믿음을 저버리지 아니하였도다"(계 2:13).

버가모의 그리스도인들은 어려운 시기를 견뎠습니다. 그들의 도시는 용감하게 그리스도인이 된 모든 사람을 맹렬히 공격했습니다. 황제 숭배에 참여하기를 거부한 모든 사람이 지독한 탄압을 받았는데, 버가모 회중에도 피해자들이 있었습니다. 그리스도를 버리고 카이사르를 숭배하라는 칙령이 내려지자, 이 그리스도인들은 진면목을 드러냈고 용감하고 충직한 태도로 일관했습니다.

그들 중에 유명한 순교자가 있었는데, 그의 이름은 안디바입니다. 그는 그리스도에 대한 신앙을 저버리지 않고 죽었습니다. 그리고 편지 안에 있는 칭찬의 말의 방식으로 미루어 볼 때, 그는 혼자가 아니었던 것 같습니다. 버가모의 모든 그리스도인이 그를 지지하고 그에게 충실했습니다. 버가모 교회는 용감무쌍했고, 그것을 증명할 순교자들의 유골이 거기에 있었습니다.

버가모에 사는 일은 위험했습니다. 그리스도께서는 그 사실을 안다고 말씀하셨습니다. 그들이 제국에서 가장 위험하다고 할 만한 곳에서 산다는 것을 그분이 아셨습니다. 여기에는 위대한 진리가 있습니다.

> 신약성경은 그리스도인이 이 세상에서 산다고 말할 때 흔히 그리스어 단어 '파로이케인'을 사용한다.……영구적 거처와 대비되는 **일시적 거처**를 묘사하는 단어다.……'파로이케인'을 쓴다는 것은 성경이 그리스도인을 이방인이자 순례자로 본다는 의미다.……그러나 요한의 편지의 이 구절에서는 '파로이케인' 대신 '카토이케인'이 쓰이고 있어 의미심장하다. 카토이케인은 **영구적이고 안정된 장소에 있는 거처**를 가리킬 때 꾸준히 쓰이는 단어다. 부활하신 그리스도께서 버가모의 그리스도인들에게 하시는 말씀은 이것이다. "너희는 사탄의 영향력과 권세가 맹위를 떨치는 도시에서 살고 있다. 그리고 너희는 거기서 계속 살아야 한다.……너희는 버가모에 있고 버가모에 머물러야 한다. 너희는 사탄의 권좌가 있는 곳에 자리를 잡게 되었다. 그곳이 너희가 살 곳이다. 그리고 거기서 너희가 그리스도인임을 보여야 한다."……어렵고 위험한 상황에서 달아나는 것은 그리스도인의 의무가 아니다. 그리스도인의 목표는 주어진 상황을 피하는 것이 아니라 상황을 정복하는 것이다.[1]

그러나 극단적인 박해 아래서 그들이 보여준 용기에도 불구하고, 그리스도께서는 그들을 질책하는 말씀을 준비하셨습니다. "그러나 네게 두어 가지 책망할 것이 있나니 거기 네게 발람의 교훈을 지키는 자들이 있도다. 발람이 발락을 가르쳐 이스라엘 자손 앞에 걸림돌을 놓아 우상의 제물을 먹게 하였고 또 행음하게 하였느니라"(계 2:14).

저는 성경을 읽는 사람들이 많이 웃는다는 것을 알게 되었습니다. 성경에는 읽는 사람을 포복절도하게 만드는 우스운 대목들이 있습니다. 그러나 그 웃음은 단순한 재미 이상으로 우리에게 가르침을 줍니다. 웃음으로만 얻을 수 있는 통찰들이 있습니다. 발람의 이야기는 그런 우스운 대목 중 하나입니다. 엄숙함은 신앙의 깊이를 나타내는 표시가 아닙니다. 우리가 하나님에 대해 진지해질수록 더 엄숙해진다고 생각하는 사람들이 많은 것 같습니다만, 그것은 사실이 아닙니다. 종종 정반대의 일이 벌어집니다. 우리가 하나님에 대해 진지해지면, 다른 모든 것에 대해서는 마음이 가벼워집니다.

신앙이 성숙하면 하나님의 은혜를 인식하게 됩니다. 우리의 일상에서 하나님의 자원과 능력이 얼마나 방대한지 깨달으면, 세상 죄의 무게를 우리가 짊어질 필요가 없다는 것과 우리가 땀을 쏟으며 도덕적으로 노력해도 역사는 결정적으로 달라지지 않을 것이고, 그리스도의 피로 이미 세상이 달라졌음을 인식하게 됩니다.

그래서 우리는 자주 성경에서 일종의 우스운 안도감을 선사하는 이야기를 찾습니다. 그런 이야기를 통해 인간의 노력에 깃든 허세의 우스꽝스러움을 봅니다. 사람들이 하나님의 일을 한다고 생각하거나 신처럼 행동하려 하는 일이 얼마나 웃긴지 보게 됩니다. 그들은 부모님의 옷을 차려입은 어린아이들 같습니다. 아이들은 너무나 진지하게 어른 행세를 하지만 그 모습을 바라보는 우리는 그저 우스울 뿐입니다. 자기 발에 너무 큰 신발과 귀를 다 덮는 모자와 바닥에 끌리는 코트와 드레스를 걸치고 으스대며 걷다가 옷자락에 걸려 넘어지는 모습이 아주 우스꽝스럽습니다. 발람의 이야기를 볼 때 우리는 바로 이런 느낌을 받습니다.

εͻ

민수기 22-24장에 나오는 발람 이야기는 이스라엘이 이집트에서 구원받고 가나안 땅을 차지하기 전 사십 년 광야 순례 기간에 일어난 일입니다. 그 사십 년은 시험과 성장의 시간이었습니다. 이스라엘 백성은 하나님을 신뢰하는 것, 하나님의 공급하심을 받는 것, 하나님의 말씀을 듣고 그것을 신뢰하며 사는 일의 의미를 배웠습니다. 이윽고 순례의 끝에 이르러 새 땅에 들어갈 준비가 되었을 때 그들은 마지막 적을 만났습니다. 모압 족속의 왕 발락이었습니다. 발락은 겁을 먹었습니다. 그는 은혜롭고 강력한 신과 동행하여 험한 광야에서 살아남은 이스라엘 민족의 소식을 들었습니다. 그는 그들을 멈출 방법이 없다는 것을 알고 있었습니다. 자신이 가진 무기로는 그들을 저지할 수 없었던 발락은 절박한 심정으로 유명한 주술사 발람에게 사람을 보냈습니다. 발람이 와서 이스라엘을 저주한다면 엄청난 사례를 하겠다고 제안했습니다.

　발람은 그게 잘못된 일인 줄 알았기에 처음에는 거절했습니다. 그러나 그것은 사실 그의 본심이 아니었고, 발락이 강하게 압박하자 결국 그는 동의하고 맙니다. 이제 재미있는 부분이 시작됩니다. 발람이 나귀를 타고 가고 있었는데, 갑자기 주님의 천사가 나타나 손에 칼을 빼어 들고 길을 막았습니다. 나귀는 그것을 보고 길에서 벗어나 밭으로 들어갔습니다. 발람은 지팡이로 나귀를 때려 다시 길에 들어서게 했습니다. 그다음 그들은 포도원 사이의 좁은 길을 따라갔는데, 양쪽에 담이 있는 그 길에서 이번에도 천사가 칼을 빼어 들고 길을 막았습니다. 나귀가 천사를 피해 가려다가 발람의 발이 담에 짓눌렸습니다. 발람은 단단히 화가 나서 지팡이로 또 나귀를 때렸습니다. 몇 킬로미터를 더 내려갔을 때, 그들은 아주 좁은 길에 들어섰고 천사가 세 번째로 길을 막았습니다. 이번에는 빠져나갈 길이 없었습니다. 나귀는 그대로 자리에 주저앉았습니다.

이 이야기의 나머지 부분은 제가 아주 약간 재량을 발휘하여 풀어 쓰고자 합니다. 발람의 인내심은 얼마 전부터 이미 바닥이 난 상태였습니다. 그는 완전히 격분하여 지팡이로 나귀를 시퍼렇게 멍이 들도록 때립니다. 그러자 당할 만큼 당한 가엾은 나귀가 입을 열어 말합니다. "제가 주인님께 무슨 못할 짓을 했다고 이렇게 세 번씩이나 때리십니까?" 너무 화가 나서 이성을 잃은 발람은 나귀가 말을 하는 것을 전혀 이상하게 여기지 않고 이렇게 받아칩니다. "네놈이 나를 얼간이 나귀 꼴로 만들고 있지 않느냐. 내게 칼이 있었다면 당장에 너를 죽였을 것이다."

그러자 나귀가 자기변호를 합니다. "이전에 제가 나리를 얼간이 꼴로 만든 적이 있었습니까? 저는 오랜 세월 한결같이 나리의 충실한 나귀가 아니었습니까?" 그러자 발람은 다소 누그러져서 이렇게 말합니다. "그래, 네 말이 맞다. 너는 착한 나귀였다. 네가 나를 얼간이 나귀 꼴로 만든 적은 없지." 바로 그때, 발람은 나귀가 본 것을 보게 됩니다. 날카로운 양날 검을 손에 들고 길을 막고 있는 천사였습니다. 그리고 그는 천사의 말을 들었습니다. "너는 왜 너의 나귀를 때렸느냐? 잘못된 길로 가고 있는 쪽은 바로 너이고 나는 그것을 알리려고 왔다. 나귀는 눈이 밝아서 길을 막고 있는 나를 보았는데, 왜 너는 그러지 못했느냐? 너는 하나님의 길을 알아낼 수 있다는 주술사가 아니더냐? 그런데 이 우둔한 나귀가 너보다 하나님의 뜻을 더 잘 아는구나."

이에 발람이 돌아가겠다고 하자, 천사는 목적지에 거의 다 왔으니 계속 가서 거기서 어떻게 해야 할지 보라고 말했습니다. 발락은 물론 발람을 보고 기뻐했습니다. 그러나 발람은 오는 길에 겪은 일로 충격을 받아 발락에게 아무 약속도 하지 않았습니다. 그는 하나님이 주신 말만 할 수 있다고 말했습니다. 그러나 돈이 하나님보다 더 힘이 있다고 생각한 발락은 거창한 저주의식을 치를 준비를 했습니다.

그들은 평지에 있는 이스라엘 백성의 진지가 내려다보이는 산에 올랐습니다. 일곱 개의 제단을 쌓고 각 제단에서 수송아지와 숫양을 희생제물로 바쳤습니다. 제물을 태우는 자리에는 다수의 모압 고관들이 있었습니다. 긴장감이 흘렀습니다. 발람이 집중하고 황홀경에 들어가자, 모두가 긴장한 채 아래 평지의 이스라엘을 뿔뿔이 흩어지게 만들 굉장하고 강력한 저주가 나오기를 기다렸습니다. 발람이 입을 열어 말하기 시작했습니다. 사람들은 발락이

승리할 거라고 믿었습니다. 저주가 통할 거라고 믿었습니다. 그러나 발람의 입에서 전해진 것은 큰 축복이었고, 그것을 들은 발락은 자기 귀를 의심하지 않을 수 없었습니다. 발락은 분노로 제정신이 아니었습니다. 발람이 말했습니다. "어쩔 수가 없었습니다. 저는 주어진 말을 했을 뿐입니다. 다시 시도해 봅시다."

그래서 그들은 다른 산으로 갔고 모든 과정을 똑같이 되풀이했습니다. 일곱 제단을 쌓고 각 제단에서 수송아지와 숫양을 죽여 희생제사를 바치고, 저 아래 평지에 있는 이스라엘을 지켜보면서 발람이 집중하고 기도하여 신비한 저주가 준비될 때까지 기다렸습니다. 발람은 입을 열었지만 저주는 또다시 어그러졌습니다.

그래서 그들은 **다른** 산에서 세 번째 시도를 했습니다. 일곱 개의 제단에 또 다른 일곱 마리 수송아지와 일곱 마리 숫양을 바쳤습니다. 다시 긴장감이 흘렀습니다. 이번에는 저주가 통해야 했습니다. 발람은 저주하려고 최선을 다했지만 입 밖에 나오는 것은 축복뿐이었습니다. "너에게 복을 비는 이마다 복을 받을 것이요, 너를 저주하는 자마다 저주를 받을 것이다"(민 24:9, 새번역). 발락은 멍청한 나귀 같은 주술사 발람에게 아주 질렸습니다. 발람이 저주하도록 세 번이나 시도했으나, 그가 오히려 세 번이나 축복했으니까요.

∽

그런데 이 이야기에는 전혀 우습지 않은 반전이 있습니다. 발람은 저주의 문제에서 발락을 실망시켰지만, 이후 이스라엘을 좌절시

킬 방법을 제안한 것이 분명합니다. 그는 이스라엘을 저주하는 대신에 음식을 차리고 춤추는 여인들을 불러 잔치를 열라고 조언하였고(민 25:1-2, 31:16, 유 1:11), 그 조언은 효력을 발휘했습니다. 사막에서 사십 년 동안 엄격한 생활을 했던 이스라엘 백성은 구운 양고기 냄새와 향수를 뿌린 소녀들의 웃음에 넘어갔습니다. 생사가 달린 문제에서는 하나님께 충실했으나, 먹고 마시는 문제에서는 그렇게 하지 못한 것입니다. 이스라엘 백성에게 반대나 저주는 통하지 않았지만, 영리한 거짓은 통했습니다.

그런데 제가 왜 이런 복잡한 옛이야기를 꺼내는 걸까요? 요한의 회중들에게도 이와 동일한 원리가 작용했기 때문입니다. 적대적 사회가 버가모 그리스도인들을 주저앉히려고 온갖 시도를 했지만 소용이 없었습니다. 그들은 세상이 일찍이 보지 못한 대담하고 용감하며 흔들림 없는 사람들이었습니다. 박해를 받았지만 꿈쩍도 하지 않았습니다. 그들 중 적어도 한 사람 안디바는 여러 해가 지난 후 순교한 서머나 교회의 폴리캅과 똑같이 목숨을 잃었습니다. 그러나 위험은 뜻밖의 방향에서 찾아왔습니다. 몇몇 근사한 사람들이 우리가 스스로에게 너무 엄격한 것일 수도 있다는 말을 꺼낸 것이었습니다. 그들은 말했습니다. "결국 중요한 것은 우리가 무엇을 믿는지와 옳은 것을 옹호하고 진실을 말하는 용기입니다. 그러나 일상생활에서는 우리가 속한 세상과 사이좋게 살아가야 합니다. 늘 밉상스러운 사람으로 살 수는 없습니다. 도덕군자가 되어 주위 사람들을 계속 거북하게 만든다면, 그것이 과연 그리스도인다운 일이라고 할 수 있을까요?"

그러나 그것은 사탄의 거짓말입니다. 우리의 말과 살아가는 방식을 분리시키려는 계략입니다. 예배 시간의 고백과 일터에서의 행동을 분리시키려는 것입니다. 그러나 몸으로 살아낸 진리가 진리입니다. 진리는 우리가 전하는 내용만이 아니라 삶의 모양이기도 합니다.

버가모 그리스도인들의 목사 요한은 발람의 이야기로 교인들의 진실함을 점검했습니다. "네게 두어 가지 책망할 것이 있나니 거기 네게 발람의 교훈을 지키는 자들이 있도다"(계 2:14). 이스라엘 백성처럼 그들도 상황이 어려울 때는 주님께 충실했습니다. 그들은 순교자 시험을 의기양양하게 통과했습니다. 그리스도를 저주하든지 죽든지 하라는 요구 앞에서 꿈쩍도 하지 않았습니다. 그러나 압력이 사라지고 일하고 노는 평범한 일상으로 돌아오자, 몇몇 사람들이 이제 긴장을 좀 풀자고 제안했습니다. 그들은 그리스도께 충실함을 의심의 여지 없이 증명하지 않았습니까. 이제는 좀 즐기면서 이웃과 어울릴 시간이었습니다. 딱딱한 도덕군자에다 청교도의 모습만 보여준다면, 그리스도를 썩 매력적으로 증언할 수 없을 것 아닙니까?

때로는 위기상황에서 진리를 위해 죽는 일이, 따분한 일주일 동안 일터에서 진리에 따라 살아가는 일보다 더 쉽습니다. 진리의 시험은 우리가 압박을 견디고 높이 솟아오른 지점에서 다가오는 것이 아니라, 시험을 받는지도 모르는 평범한 시간에 찾아옵니다. 진리는 단순히 올바른 답이 아니라 올바른 삶이기도 합니다. 그리스도는 아무도 보는 이 없을 때도 우리의 몸짓, 행동, 대화에서 표현되어야 하는 포괄적이고 인격적인 진리입니다. 발람의 가르침은 이와 다른 말을 하지만, 우리는 오래전에 웃음으로 그자를 퇴짜 놓았습니다.

ↀↄ

발람의 가르침은 상황을 실제보다 쉽고 단순하게 만들려 하고, 복음에 뭔가를 덧붙이며, 진정한 진리인 하나님의 말씀에 설명을 추가합니다. 복음의 진리는 언제나 인격적이고 직접적이며 순종을 요구합니다. 그것은 사랑과 용기와 흠모 안에서 살아가는 길입니다. '진리'에 해당하는 그리스어 단어 알레테이아*aletheia*는[2] 흥미롭게도 '가려지지 않음, 분명한, 명백한, 공개된, 현존하는'의 의미입니다. 우리는 일상에서 진리를 발견합니다. 그리스도께서 우리 존재와 삶에 비춰 주시는 빛으로 일상에서 만나는 분명하고 명백한 것들 안에서 진리를 발견합니다. 진리에 대한 시험은 그리스도의 존재 앞에서 우리의 존재가 어떠한지 드러냅니다. 우리는 추상적인 존재가 아니라 **지금의 내 삶**, 이 삶을 사는 구체적 존재로 드러납니다. 우리가 정말 누구인가는 그리스도의 삶에 비추어 밝혀집니다. 십자가와 부활을 통해 우리에게 계시된 그분의 삶의 명료성에 비추어 드러납니다. 그 위대한 사건들이 우리가 "일상"이라 부르는 것의 깊이와 의미를 조명합니다.

　　진리의 시험은 '그대는 무엇을 생각하는가?'라고 묻지 않고 '그대는 누구인가?'라고 묻습니다. '그대의 의견은 무엇인가?'가 아니라 '그대의 결정은 무엇인가?'라고 묻습니다. 하나님은 우리가 그분에 관해 다른 사람들에게 무슨 말을 하는지보다는 우리가 그분에게 하는 말에 관심이 있으십니다. 진리가 있어서 관계와 상황이 있는 그대로 드러날 때, 그때가 바로 다른 사람들에게 그분에 대해 말할 시간입니다.

버가모의 그리스도인들은 그들의 목사가 말한 대로 사탄의 거처에 살았습니다. 그것이 그들이 처한 상황에 실마리를 제공합니다. 사탄은 거짓의 아비입니다. 버가모의 그리스도인들은 선전, 기만, 왜곡의 거짓말들이 거미줄처럼 얽혀 있는 곳에서 살았습니다. 그 도시에서 말의 용도는 사람들이 현실과 접촉하게 하는 것이 아니라, 그들을 조종하고 혼란시켜 비현실에 빠지게 하는 것이었습니다. 오늘날에는 대부분의 말이 이런 식으로 쓰입니다. 상황은 나아지지 않았고, 그리스도께서는 그때와 동일한 방식으로 우리를 점검하십니다.

그리스도의 좌우에 날선 검에 긍정적으로 반응한다는 전제아래 버가모 교회와 우리에게 긴박한 약속이 주어집니다. "이기는 그에게는 내가 감추었던 만나를 주고 또 흰 돌을 줄 터인데 그 돌 위에 새 이름을 기록한 것이 있나니 받는 자 밖에는 그 이름을 알 사람이 없느니라"(계 2:17).

감추어둔 만나는 하나님이 그분의 백성에게 주시는 음식, 그들이 계속 전진하게 해주는 영양분입니다. 새 이름이 기록된 돌은 그리스도께서 백성인 우리에게 주시는 신분증입니다. 그리스도께서 우리를 붙드실 것이고, 우리를 자신의 소유로 인정해 주실 것입니다. 싸움에서 승리한 자에게 더없이 적절한 보상입니다! 이것은 선과 악의 전투가 아니라 진리와 오류의 전투입니다. 이 전투에서 잘 싸운다는 것은 진리 쪽에 인생을 던지고, 옳은 것과 거짓된 것을 분별한다는 의미입니다.

하나님은 그분의 진리를 지탱하실 것이고 그 내용이 사실임을 보이실 것입니다. 진리는 새 만나의 영양분으로 힘을 얻고 그 내용을 확인해 주는 돌로 인정을 받을 것입니다.

우리가 믿는 바는 세상에 변화를 가져옵니다. 하나님이 믿으시는 바가 세상을 바꾸기 때문입니다. 그분은 하나님이시고 그분의 말씀은 양날 검처럼 날카롭고 신속합니다.

아멘.

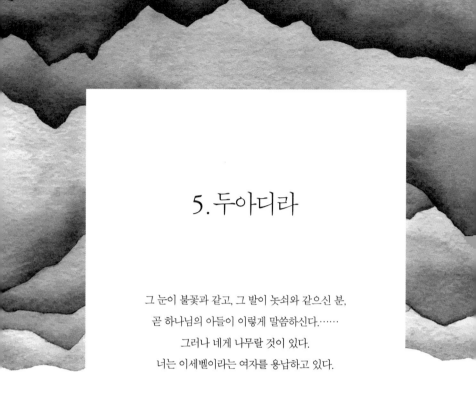

5. 두아디라

그 눈이 불꽃과 같고, 그 발이 놋쇠와 같으신 분,
곧 하나님의 아들이 이렇게 말씀하신다.……
그러나 네게 나무랄 것이 있다.
너는 이세벨이라는 여자를 용납하고 있다.

요한계시록 2:18, 20, 새번역

This Hallelujah Banquet

우리의 거룩함에 대한 점검

만우절 April Fools' Day 은 교회의 비공식 절기입니다. 아이들이 특히 그 날을 좋아하지요. 제가 그랬습니다. 아버지의 정육점에서 펼쳐진 별난 장난으로 그날은 제 유년에 깊이 새겨졌습니다. 매년 아버지 는 가게 옆 빵집 주인 행크 아저씨와 공모했습니다. 두 사람은 마 늘로 가득 채운 초콜릿을 만들어 접시에 담아 진열대에 두었습니 다. 누구에게도 먹어 보란 말은 하지 않았습니다. 그래도 사람들은 집어 먹었습니다.

소리를 지르며 요란하게 반응하는 이들도 있었고, 초콜릿 을 먹어 보란 말이 없었음을 깨닫고 아무 일 없는 척 시치미를 떼 는 이들도 있었습니다. 이럴 때 우리 가게의 규칙은 같이 시치미 를 떼는 것이었습니다. 제가 제일 좋아하는 대목이 사라지는 것이었지요. 그래서 저는 그들을 뒤따라 가게를 나와 도로 연석에서 만우절 선물을 뱉어내고 있는 그들에게 이렇게 말하곤 했습니다. "속았대요, 속았대요April Fool!" 도저히 참을 수가 없었거든요.

거의 모든 면에서 훌륭했던 두아디라의 그리스도인들은 겉모습은 매력적이지만 속은 더러운 종교에 손을 뻗었다가 웃음거리가 되었습니다. 우리는 기독교적 방식으로 그리스도를 위한 바보가 되라는 말을 듣지만, 그것은 웃음거리가 되는 일과 다릅니다.

그리스도를 위해 바보가 되는 것Being a fool은 상황이 우호적이지 않을 때도 하나님의 실재를 추구함을 뜻합니다. 그러나 웃음거리가 된다는 것Being made a fool of은, 내면의 실체는 하나님과 아무 관련이 없고 겉모습만 번지르르한 종교를 추구하는 일을 말합니다.

∾

그리스도인은 언제나 의식적으로 세상과 반대로 살아갑니다. 그리스도인이 믿고 행하는 바와 세상이 당연시하며 행하는 바 사이에서 일어나는 이 갈등은 고금을 막론하고 날카로운 분열을 낳습니다.

많은 신자들이 사회에서 물러나기를 원하는 듯 보이는데, 세상 속에서가 아니면 그리스도인이 될 수 있는 길은 없습니다. 우리가 처한 환경에서 도피하려는 시도는 결코 성공한 적이 없습니다. 수도원으로 물러나고 은둔자로 홀로 지낸 세월은 대체로 우리 증언이 왜곡되는 결과를 낳았습니다. 그러나 그리스도인의 삶에 세상이 불가피한 것이지만, 세상이 그리스도인의 삶에 도움이 되지 않는 것은 분명합니다. 종종 세상은 그리스도의 뜻에 집중하지 못하게 유혹합니다. 그리고 세상은 그리스도의 뜻과 언제나 딴판입니다. 요한이 두아디라 회중에게 보낸 편지는 한 무리의 그리스도인들이 그들의 사회와 관련하여 씨름해야 하는 문제의 한 가지 사례를 보여줍니다.

두아디라는 상업도시였고 동직 조합의 힘이 강했습니다. 일을 하려면 여러 조합 중 한 곳의 회원이어야 했습니다. 이 조합들은 사람들의 삶을 지배했고 그리스도인도 거기 참여할 수밖에 없었습니다. 그러나 그리스도께서도 그리스도인의 삶을 지배하기 원하셨습니다. 이해충돌이 있을 수밖에 없는 상황이었습니다.

두아디라의 그리스도인들을 살펴보고 그들을 향한 메시지에 귀를 기울여, 그들이 이런 충돌 상황에서 무슨 일을 했는지 알아보았으면 합니다. 우리 사회는 그들의 사회와 근본적으로 다릅니다만, 지금의 사회가 우리에게 더 많이 도움이 되지는 않습니다. 시대가 바뀌었지만 사회가 그리스도인에게 더 우호적이 되지는 않았습니다. 두아디라 회중을 통해 이런 통찰력을 얻게 된다면, 우리는 더욱 굳건하게 주님을 바라보고 주님께 순종할 수 있을 것입니다.

요한이 두아디라 회중에게 보낸 편지에서 그리스도는 "그 눈이 불꽃과 같고, 그 발이 놋쇠와 같으신 분, 곧 하나님의 아들"(계 2:18, 새번역)로 소개됩니다. 불꽃같은 눈은 이글대며 대상을 꿰뚫어 봅니다. 대충 살피는 것이 아닙니다. 하나님의 아들은 윈도쇼핑을 하는 사람처럼 어떤 것에도 진짜로 주목하지 않으면서 한 대상에서 다른 대상으로 나비처럼 시선을 옮기지 않으십니다. 그분의 점검하는 눈길은 그 시선을 받는 사람들 안에 깊이 새겨집니다. 그분은 진정으로 보십니다. 광을 낸 놋쇠 같은 발은 굳건하고 튼튼합니다. 그 발은 반대에 맞서도 허물어지지 않습니다. 역경을 만나도 물러서지 않습니다. 그리스도께서는 그분의 검사를 강화시킬 놋쇠 같은 기반을 갖추고 계십니다.

놋쇠 발의 견고함은 불로 이루어졌습니다. 놋쇠는 구리와 주석에 열을 가해서 만든 합금입니다. 합금은 제련 이후 더 강해질 뿐 아니라 녹는점도 달라집니다. 놋쇠 발은 불타는 눈에 필요한 토대이고, 이 눈은 반대세력과 비우호적인 상황을 들여다볼 것입니다. 두아디라 회중에게 그리스도는 꿰뚫어 보는 불같은 눈을 갖고 계시고, 불로 단련되어 빛나는 힘을 갖춘 강한 놋쇠 발로 굳게 서신 분으로 제시됩니다. 그분은 모든 허울, 얼버무림, 가면, 흐릿함을 꿰뚫어 보십니다. 모순, 반대, 적대감, 무관심을 간파하십니다. 그리고 놋쇠의 힘이 그분의 정밀한 점검을 뒷받침합니다.

이런 점검에 대한 우리의 첫 번째 반응은 숨을 곳을 찾아 달리는 것이겠습니다. 하지만 그럴 필요가 없습니다. 우리 주님의 정직하고 단호한 시선에는 자비와 관대함이 있습니다. 그분의 눈길이 불붙는다면, 그것은 사랑의 불이고 우리를 따뜻하게 하기 위한 타오름입니다.

그분의 관대함의 증거는 점검의 첫 번째 결과를 말씀하실 때 드러납니다. "나는 네 행위와 네 사랑과 믿음과 섬김과 오래 참음을 알고, 또 네 나중 행위가 처음 행위보다 더 훌륭하다는 것을 안다"(계 2:19, 새번역). 두아디라의 그리스도인들은 적어도 과거의 성취에 안주하지는 않았습니다. 그들은 편안히 앉아서 교회의 초창기에 얼마나 힘차고 신났는지 이야기하지 않았습니다. 현재의 악한 세대를 한탄하고(그리스도인들이 자주 그러듯) 향수에 젖어 더 나은 시절을 뒤돌아보는 습관에 빠지지 않았습니다. 그들은 미니버 치비Miniver Cheevy(중세를 낭만적으로 꿈꾸는 현대인—옮긴이) 같지 않았습니다. 미니버 치비는

없는 것을 아쉬워하며 한숨지었고
꿈을 꾸었고 일하지 않았다.
그는 테베와 카멜롯과
프리아모스의 이웃들을 꿈꾸었다.[1]

처음 사랑을 잃어버렸던 에베소 회중들과 달리, 두아디라 그리스도인들은 나중 행위가 처음 행위보다 더 훌륭했습니다. 그들은 사랑, 믿음, 섬김, 끈질긴 인내에 점점 능숙해졌고 이러한 덕에 더욱 헌신하게 되었습니다.

❧

그러나 주님의 불타는 눈은 이런 미덕들 사이에 숨은 불길한 요소를 보았습니다. 그분의 말씀이 이어집니다. "그러나 네게 나무랄 것이 있다. 너는 이세벨이라는 여자를 용납하고 있다. 그는 스스로 예언자로 자처하면서, 내 종들을 가르치고, 그들을 미혹시켜서 간음하게 하고, 우상의 제물을 먹게 하는 자다"(계 2:20, 새번역).

두아디라 회중 가운데는 사람들을 잘못 가르치고 엉뚱한 길로 인도하는 사람이 있었습니다. 이세벨이라는 단어가 그가 어떤 사람인지 규정합니다.[2] 이세벨은 히브리 역사에서 가장 악명 높은 악녀입니다. 그는 이스라엘의 나약한 왕으로 손꼽히던 아합의 아내로 이스라엘에 이방 종교를 들여왔습니다. 이세벨의 아버지 엣바알은 아스다롯의 제사장이었고 왕을 살해하여 시돈 왕좌를 넘겨받았습니다. 아스다롯은 그리스의 아프로디테, 로마의 비너스에 해당하는 페니키아의 여신입니다. 아스다롯의 끔찍한 체제는 도덕과 종교의 완전한 분리를 획책했고, 경건을 빙자하여 지독한 성적 부도덕을 부추기까지 했습니다. 한 어원 연구에 따르면 이세벨은 (영어의 Agnes처럼) '순수한' 또는 '순결한'을 뜻하지만, 그의 성품과 행동은 그 이름과 모순되었습니다.[3]

아합 왕과 결혼한 이세벨은 이스라엘에서 자신의 반역적 교리들을 적극적으로 퍼뜨렸습니다. 그가 직접 아스다롯의 여사제 역할을 했을 수도 있습니다. 이세벨은 왕을 설득하여 수도 사마리아에 아스다롯 신전과 제단을 짓게 했습니다. 그 부도덕한 종교의 선지자 850명을 후원했고, 의로운 여호와의 선지자들은 붙잡는 대로 다 죽였습니다. 그는 나중에 예후가 "이세벨이 저지른 음행과 마술 행위"(왕하 9:22, 새번역)라고 말한 것 때문에 유명해졌습니다. 이세벨은 이전에 발람이 그랬던 것처럼 이스라엘을 타락시키려 했고, 아합은 그에게 맞설 만한 도덕적 확신이나 강단이 없었습니다.

이 첫 번째 이세벨은 거의 천 년 전에 죽었습니다. 끔찍한 최후를 맞았지요. 그러나 이세벨의 악령은 기원후 1세기의 한 여선지자를 통해 환생했습니다. 이 여선지자의 종교도 도덕과 별 연관이 없었습니다. 그는 신적 영감을 받았다는 주장으로 그리스도의 종들을 속여서 부도덕한 관행에 빠지게 하는 데 성공했습니다. 그는 지역 동직 조합의 의식과 축제에 참석하라고 두아디라의 그리스도인들을 부추겼는데, 그 의식과 축제는 일부 이교 신들에게 바쳐졌고 많은 경우 무절제한 음탕함으로 마무리되었습니다. 이 새로운 이세벨과 그 추종자들은 자신들이 노련하게 살아간다고 생각하고 자부심을 느꼈습니다. 그들은 비밀스런 신비들을 파고 들었고, 다른 그리스도인들이 모르는 은밀한 계시를 받았다고 자랑했습니다. 그들은 영적 귀족, 특혜 받는 엘리트였습니다. 서민들은 그들과 경쟁할 수 없었습니다.

그들은 깊은 것들을 헤아린다고 뽐냈습니다. 어쩌면 이 표현은 사도 바울에게서 빌려온 것인지도 모릅니다. 바울은 여러 서신서에서 하나님의 깊은 것에 대해 말했습니다. 사람들은 알 수 없지만 성령께서 살피시고 탐구하시는 하나님의 지혜와 사랑의 깊은 경지 말입니다. 물질은 악하기 때문에 육체의 죄에 탐닉해도 영혼에는 해롭지 않다는 것이 이세벨의 사악한 이론이었고, 두아디라의 그리스도인들은 그 이론을 받아들여 그의 무리가 말하는 깊은 것(그리스도께서는 역설적이게도 이것을 하나님의 깊은 것이 아니라 사탄의 깊은 것이라 부르십니다)에 마음껏 빠져들었습니다.

그리스도인들과 세상의 갈등에 대한 이세벨의 답변은 차이를 없애는 방식으로 갈등을 해결하라는 것이었습니다. 이세벨은 악한 일에 참여하기를 거부할 것이 아니라, 그리스도인이 모든 악을 흡수함으로써 악을 구속해야 한다고 가르쳤습니다. 그리스도께서 우리를 점검하실 때는 우리와 사회의 관계가 반드시 포함됩니다. 사업계에 몸담고 있는 사람이라면 특히 더 그렇습니다. 그리스도의 살피시는 눈길에서 우리 삶의 그 큰 부분을 배제할 수는 없습니다. 우리는 사회에 동화되고 함께 일하는 이들—우리 고용자, 조합, 동료—과 같은 색을 띠기를 바랍니다. 그러나 그리스도께서는 우리가 달라야 한다고 말씀하십니다.

우리는 그들과 다르게 삽니다. 물론 우리만 고결한 척하는 방식으로, 우월한 존재인 듯 행동하거나 가장하는 방식으로 다르게 살 수는 없습니다. 그러나 우리와 그들이 아무 차이가 없는 것처럼 행동하고 사회의 윤리와 기준에 끊임없이 순응하면서 살면 안 됩니다. 저는 비윤리적 사업 관행이 문제의 핵심이 아니라고 생각합니다. 물론 가끔씩 그리스도인이 결단을 내려야 할 때가 있습니다. 그러나 현대 사업계에는 대체로 도덕적·윤리적 행동에 대한 높은 기준이 존재합니다. 그럼에도 불구하고, 사업계에서 기독교적 자의식은 그리 잘 보이지 않습니다. 그리스도인이 '이것은 마귀의 일이 아니라 하나님의 일이야'라고 분명히 말하는 것 같지 않습니다. 일하는 평일을 하나님의 영광을 위해 기꺼이 바치려는 준비된 자세가 보이지 않습니다.

이세벨은 그리스도인들을 속여 어리석은 짓에 빠지게 한 거짓 교사의 상징적 별명입니다. 몇 세기 전, 역사적 이세벨은 매력적이고 즐거운 종교를 이스라엘에 도입했습니다. 그것은 외양이

전부이고 실체는 없었습니다. 자기이익, 탐욕, 음욕에 호소했습니다. 그 종교가 이스라엘을 거의 제압했습니다. 이세벨은 세기를 뛰어넘어 회중과 회중을 넘어 계속해서 나타납니다. 그는 두아디라에도 나타났고, 요한은 그 교회에 경고했습니다. 이세벨의 거짓이 발휘하는 매력은 퇴색하지 않습니다. 사실, 지금도 우리는 이세벨의 가르침을 쏟아내는 언론 공세에 시달리고 있습니다. 만우절의 거짓말 같은 이세벨의 종교는 두 가지를 약속합니다. 기분 좋게 해주겠다고 약속하고, 원하는 것을 갖게 해주겠다고 약속합니다. "매일 자기를 부인하고 자기 십자가를 지라"는 신앙이 여기에 맞서 승산이 있을까요?

우리의 모든 종교적 호소와 가르침은 우리의 거룩함이라는 시험을 거쳐야 합니다. 겉모습은 시험의 척도가 아닙니다. 매력도 시험의 척도가 아닙니다. 기적의 약속도 마찬가지입니다. 시험의 척도는 바로 신실함입니다. 진실성입니다. 실제의 우리는 우리가 말하는 우리와 같습니까? 우리의 내면에는 무엇이 있습니까? 초콜릿입니까, 아니면 마늘입니까?

좋은 질문들은 대체로 쉽지 않습니다. 그러나 좋은 질문들은 우리가 웃음거리가 되지 않게 막아 줍니다.

몇 가지 단순한 질문들이 자신의 진실성을 평가하는 데 도움이 될 것입니다. 내가 전하는 교훈은 그리스도 안에 계시된 하나님—그분의 말씀과 행하심—께로 돌아가게 하는가, 아니면 앞으로 얻고 획득하고 느끼게 될 것들을 기대하며 흥분하게 하는가? 이 교훈은 자신—자신의 참 모습, 자신이 있는 자리—에게 돌아가게 하는가, 아니면 야망과 불만을 불러일으키고 다른 사람이 되어 다른 곳에 있고 싶은 욕망을 갖게 하는가?

겸손humility의 어근은 **땅**humus입니다. 겸손은 땅에 붙어 있는 상태입니다. "사람의 생각과 마음을 살피는"(계 2:23, 새번역) 그리스도께서는 종교적 매력, 도덕적 겉모습, 눈부신 쇼와 하나님에 관한 전문용어 이면을 꿰뚫어 보십니다. 그분은 우리 내면 깊숙한 곳에서 믿음의 씨를 뿌리고 키울 수 있는 자리, 기도와 사랑과 신실함 같은 어리석어 보이는 것들이 삶의 현장에 깊이 뿌리를 내려 세상을 다스리는 실재가 될 수 있는 자리를 찾으십니다.

❧

저는 주님이 우리를 점검하실 때, 두아디라의 교인들에게 전하신 것과 같은 취지로 말씀하시는 것을 들을 수 있습니다.

> 내가 너희의 행위를 안다. 너희의 행위는 처음보다 더 훌륭하구나. 너희는 열심히 일한다. 매년 더 열심히, 네 부모들보다 더 힘껏 일하는구나. 너희의 태도는 좋다. 열정, 사랑, 섬김, 끈질긴 인내. 너희는 자신의 일을 뛰어나게 해낸다. 너희 중에는 게으른 사람이 없구나. 힘이 넘치고 성공을 거둔다. 이에 대해서는 너희를 칭찬한다. 그러나 너희에게 나무랄 것이 있다. 너희는 이세벨을 용납하고 있다. 상업에 우선적으로 재능을 쏟아야 한다는 가정을 용납하고 있다. 그리스도는 너희의 일에 관심이 없다는 생각을 무작정 당연시한다. 너희는 그리스도가 목수로 업계에서 일한 적이 없는 것처럼, 너희가 하는 일에 아무런

감흥이 없는 것처럼 생각하는구나. 너희의 일이 종교가 되고 있다. 그러나 그것이 아무리 도덕적이고 성공적이어도, 너희가 그리스도인으로서 고백하는 종교와는 다르다.

이세벨은 하나님과 분리된 채 무슨 수를 써서라도 성공하려 하는 종교의 상징입니다. 이세벨은 교회를 박해하지 않습니다. 교회가 자기를 용납해 주기를 요청할 뿐입니다. 이세벨은 교회 안에서 예배하고 설교에 귀 기울입니다. 그러나 어느 순간 여선지자로 자처하고 나서면서 자신의 지혜가 일의 세계에서 표준이라고 선언합니다. 그가 상황을 접수합니다. 우리는 이세벨을 내쫓아야 합니다.

자신의 신분을 재확인하고 주님의 말씀에 귀를 기울이는 그리스도인에게는 이중의 약속이 주어집니다. "이기는 사람, 곧 내일을 끝까지 지키는 사람에게는, 민족들을 다스리는 권세를 주겠다. 그는 쇠지팡이로 그들을 다스릴 것이고, 민족들은 마치 질그릇이 부수어지듯 할 것이다. 이것은 마치, 내가 나의 아버지께로부터 권세를 받아서 다스리는 것과 같다"(계 2:26-28, 새번역). 이것은 그에게 적절한 약속입니다. 그가 살아온 사회는 그를 조각조각 부수겠다고, 그의 확신을 산산조각내고 자기들의 원칙에 따라 그를 다시 빚겠다고 으름장 놓았습니다. 그는 종종 이 압력과 반대가 자신을 부서뜨릴 것 같다고 느꼈습니다. 사실, 어쩌면 부서졌는지도 모릅니다. 그러나 그리스도께서 그에게 말씀하십니다. "미래는 너의 것이다. 네가 다스릴 것이다. 너의 확신, 너의 삶, 나를 향한 타협 없는 순종이 더 강하다는 것이 결국 증명될 것이다. 부서지는 쪽은 네가 아니라 그들이 될 것이다.”

이 부서짐은 파괴적인 것이 아님을 지적해야겠습니다. 죄와 탐욕과 반역을 활용하는 데 성공한 사회는 하나님 나라에 들어갈 수 없습니다. 그런 사회는 부서지고 다시 지어져야 합니다. 이 교회 건물을 지을 때, 현장에 등장한 첫 번째 장비는 불도저였습니다. 불도저는 땅을 밀어냈습니다. 땅의 모양이 변했습니다. 땅은 파괴되지 않았지만 상당히 거칠게 재배열되었습니다. 불도저가 외관상 보여준 파괴성은 교회 건물을 건설하는 데 필요한 준비 과정이었습니다. 사회는 결국 이런 식으로 부서져야 합니다. 우리가 사회와 그 원리를 자신의 것으로 흡수했다면, 우리도 잘못 빚은 질그릇처럼 부서져야 할 것입니다. 우리가 거룩하게 살면서 우리 확신을 유지한다면, 사회를 개혁하고 다스리는 대리자가 될 수 있습니다.

약속의 두 번째 부분은 “나는 그 사람에게 샛별을 주겠다”(계 2:28, 새번역)입니다. 샛별은 새벽의 신호입니다. 밤은 길었습니다. 수백만 개의 별이 밤하늘에서 빛났지만, 기본적으로는 칠흑 같은 밤을 비추는 작은 점들에 불과했습니다. 그러다 샛별이 나타나면 새벽이 멀지 않았음을 알게 됩니다. 해가 떠오르기에 앞서 환한 빛이 홍수처럼 밀려듭니다.

샛별은 그리스도 자신입니다. 그분의 존재 자체가 밤이 끝나고 낮이 시작된다는 약속입니다. 우리가 믿음을 지키고 거룩하게 살아오면서 만났던 모든 어려움은 과거에 속합니다. 앞으로 펼

처질 나날들은 그분의 임재가 지배할 것입니다. 그분은 이미 여기 계십니다. 그분은 우리에게 사랑과 심판을 말씀하십니다.

그분의 음성에 순종하고 그분의 사랑을 받으십시오.

아멘.

5. 두아디라

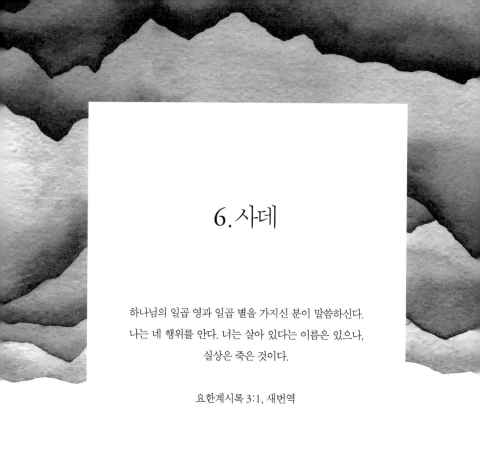

6. 사데

하나님의 일곱 영과 일곱 별을 가지신 분이 말씀하신다.
나는 네 행위를 안다. 너는 살아 있다는 이름은 있으나,
실상은 죽은 것이다.

요한계시록 3:1, 새번역

This Hallelujah Banquet

우리의 현실에 대한 점검

여러 해 전에 우리 교회의 한 젊은 부부가 아이를 낳고 웨슬리라는 이름을 붙였습니다. 충격적일 만큼 장로교답지 않은 이름이지요. 그들은 어린아이를 예배 시간에 데려왔습니다. 그것이 이곳의 관습입니다(예배에 있어서 아이들의 중요성은 아무리 높이 평가해도 지나치지 않습니다). 웨슬리가 두 살 무렵이던 어느 주일, 아이는 제가 설교하는 도중에 부모의 품에서 빠져나와 신도석 뒤로 달려가더니 가운데 통로를 내달려 성찬대와 설교단 사이에 유쾌한 반항의 자세로 버티고 섰습니다. 아이 아버지는 교회 뒤쪽에 서서 뭐라고 중얼거렸는데, 제가 생각할 때 그것은 기도였습니다.

이 장면은 하나의 비유입니다. 교회에는 기도하러 오는 사람들이 있고 놀러 오는 사람들도 있습니다. 대부분은 믿음을 실천

하러 오지만, 세례 받은 지 얼마 안 되는 일부는 흔히 즐거운 시간을 보내러 옵니다. 사정이 이렇다 보니 궁금증이 듭니다. '웨슬리 아빠는 그 주일에 무슨 기도를 했을까? 웨슬리가 그렇게 즐거운 시간을 보냈던 이유는 무엇일까? 내가 웨슬리처럼 즐겁게 예배를 드린다면 죄가 될까?'

놀이playing와 **기도**praying는 발음이 비슷합니다. 두 단어의 본질도 유사합니다. 놀이는 우리가 우리 자신일 때 흘러나옵니다. 기도는 우리가 우리 이상의 상태일 때 흘러나옵니다. 놀이는 하나님이 우리를 이런 형상으로 만드셨다는 것을 기뻐합니다. 기도는 우리를 그분의 형상으로 만드신 하나님을 기뻐합니다. 온전히 살아 있을 때 우리는 활력이 **바깥으로 위로** 끓어올라 기도하고 놀게 됩니다. 버지니아 스템 오웬스Virginia Stem Owens는 이렇게 말했습니다.

창조주의 일은 그분의 표증이거나 사기다. 온 우주를 빙 두르는 것 외에 성속을 나누는 선을 어디에 그을 수 있겠는가? '속'은 원래 성전 바깥을 의미하고, 태초에 모든 창조세계는 하나님의 '아주 좋은' 성전이었기 때문이다. 우리는 먹고 마시고 호흡하고 보고 어떤 수단으로 무엇인가를 얻을 때마다, 희생을 기억하라는 명령을 받는다.……

그래도 우리는 커다란 검은색 크레용을 쥐고 작은 섬들을 그린다. 하나님이 세상에 사시도록 허락하는 영역이다.……그리스도를 가두는 작은 강제수용소.[1]

사데 교회는 이런 '강제수용소'였습니다. 아니, 죽음의 수용

소였습니다. 사데 교회는 살아 있다는 평판을 받았지만 사실은 죽어 있었습니다. 그들은 일상의 세계를 배제했기 때문에 죽었습니다. 그 교회는 활력이 있다는 인상을 주었지만—"살아 있다는 이름"(계 3:1, 새번역)—매일의 삶과 거룩한 날의 삶을 날카롭게 구분하는 바람에 정맥과 동맥이 잘려 나갔습니다. 우리 주님의 거룩한 피("생명은 피에 있음이라"[레 17:11])는 우리를 깨끗하게 하고 용서하고 기도하게 하는 성령의 생명을 모든 놀이와 일, 정치, 문화로 두루 흘려보내는데, 그 통로가 되는 동맥과 정맥이 끊어진 것입니다. 사데 교회에서는 어떤 아이도 놀지 않았고, 사데 시장에서는 어떤 어른도 기도하지 않았습니다. 기도는 교회에서 하는 일이요, 놀이는 교회 바깥에서 하는 일이었습니다.

요한은 사데 교인들에게 깨어나라고 촉구했습니다. 세상과 제단 모두에서 의식적으로 하나님의 임재에 생생히 반응하라고 촉구했습니다. 살아 있는 소수가 있었습니다. 요한은 그들을 가리켜 "자기 옷을 더럽히지 않은 사람"(계 3:4, 새번역)이라 불렀습니다. 즉 그들은 하나님이 창조와 구속을 통해 거룩하게 만드신 것을 오염시키거나 모독하지 않았습니다. 그 소수의 사람들은 놀고 기도하면서 하나님의 온전함과 거룩함을 똑같이 경험했습니다.

hail(만세), holy(거룩한), hello(안녕하세요), whole(온전한)이라는 단어들이 모두 연결되어 있다는 말을 들었습니다. 우리가 찬송가 「거룩, 거룩, 거룩」Holy, Holy, Holy을 부를 때의 마음으로 국민가요 「만세, 만세, 여기 다 모였네」Hail, Hail, the Gang's All Here를 부르는 것이 가능할까요?

거룩함의 척도는 이것입니다. 우리가 교회 안팎에서 만나는 일상의 얼굴들 안에서 거룩하신 그리스도의 임재와 성령의 움직임을 발견하고, 그리스도께서 풍성하게 허락하시는 삶 전체를 통해 그들과 함께 놀고 함께 기도할 수 있는가.

ᔥ

그리스도께서는 "하나님의 일곱 영과 일곱 별을 가지신"(계 3:1, 새번역) 분으로 사데 교회를 대면하셨습니다. "하나님의 일곱 영"은 우리가 흔히 말하는 성령을 가리키는 요한계시록의 상징적 표현입니다. 이 표현이 혼란스럽게 느껴지는 사람도 있을 것입니다. 우리는 하나님이 영이시라는 말에 익숙하니까요. 물론 하나님이 영이신 것은 사실입니다. 그러나 하나님이 영(정확히 말하면 일곱 영이고, 이것은 완전함의 상징입니다)을 "가지셨다"는 요한의 다소 시적인 단언은 교회가 제시하는 가장 중요한 진술 중 하나입니다. 하나님이 영을 가지셨다는 말은 그분께 **생명**이 있다는 뜻입니다. 히브리어와 그리스어(성경의 두 언어) 모두에서 **영**이라는 단어는 기본적으로 '바람'이나 '숨'을 의미합니다.[2] 하나님 안에는 활동적이고 역동적이며 움직이는 뭔가가 있습니다. 하나님은 변함없는 분이실 수 있지만 갇혀 있지 않으십니다. 그분은 정적이지 않습니다. 이미지때문에 혼란을 느끼시면 안 됩니다. 이 표현은 하나님 안에 완전하고 움직이는 생명이 있다고 말하고 있습니다.

우리가 하나님을 이해하는 데 이 표현이 얼마나 깊은 영향을 끼치는지 모릅니다. 하나님이 영을 갖고 계신다면, 그분은 단지

관념이나 추상이 아닌 것입니다. 하나님이 아름다움이나 사랑이나 진리의 원형idea이라고 말하는 것이 유행입니다. 아름답거나 사랑스럽거나 참된 모든 것은 하나님이라는 것입니다. 근사한 진술이긴 해도 이것은 빈약한 신학입니다. 하나님은 인격적이고 온전히 살아 계신 분입니다.

하나님이 영을 가지셨다면, 그분은 과거의 한 요소 정도로 치부될 수 없습니다. 그분은 현존하십니다. 행동하십니다. 대부분의 사람들은 우리가 지금의 상태로 존재하기에 앞서 하나님이 모든 진화론적·지질학적 과정을 시작하셨다고 생각하는 데서 모종의 만족감을 느낍니다. 하나님은 우주의 창조주십니다. 그러나 불행하게도, 하나님을 만물의 시작점에 둔 후 많은 사람들이 그분을 거기에 그대로 남겨 둡니다. 그러나 그분은 그렇게 남겨지시지 않습니다. 그분은 영을 가지셨습니다! 그분은 지금 살아 계시고 활동하시며 거기에는 여러 결과가 따라옵니다.

하나님이 영을 가지셨다면 하나의 대상으로 치부될 수 없습니다. 우리는 그분을 인격으로 마주해야 합니다. 살아 있는 인격적 존재는 관계를 요구합니다. 저는 책, 방, 옷은 물론 일도 배치할 수 있지만, 인격체는 배치가 아니라 함께 살아야 합니다. 인격체는 자기 자리에 가만히 놓여 있으려 하지 않습니다. 배치되고 조종되기를 거부합니다. 그들에게는 말을 걸어야 합니다. 감정을 주고받아야 합니다. 이런 말을 들은 적이 있습니다. "우리 삶에 하나님의 자리를 남겨 두어야 한다." 그렇게 된다면 참 좋겠지만 그런 일은 없을 것입니다. 하나님은 영을 가지셨기 때문입니다. 그분은 한 장소에 제한되지 않으실 것입니다. 그분은 살아 있는 존재이고, 우리는 그분과 함께 살아야 합니다. 이것이 하나님이 영을 가지셨다는 말의 부분적 의미입니다. 이것이 근본적으로 의미하는 바는, 우리 안에 살아 계신 하나님의 완전함이 있다는 것입니다.

살아 계신 이 하나님, "하나님의 일곱 영과 일곱 별을 가지신" 하나님이 사데의 그리스도인들을 점검하시고 이렇게 말씀하셨습니다. "나는 네 행위를 안다. 너는 살아 있다는 이름은 있으나, 실상은 죽은 것이다"(계 3:1, 새번역). 이제껏 하나님이 요한을 통해 여러 교회에 하신 말씀 중에서 가장 가혹한 말씀입니다. 다른 모든 교회는 칭찬과 격려의 말씀을 먼저 들었습니다. 그러고 나서야 그들 중 일부가 심판의 말씀을 들었습니다. 정말 사데에는 칭찬할 만한 점이 전혀 없었을까요? 그곳의 교인들에게는 선한 것이 전혀 없었을까요? 어쩌면 그들이 그렇게까지 잘못되지는 않았을지도 모릅니다. 그러나 그들 실패의 본질상, 최대한 빨리 핵심 문제를 파고드는 것 외의 다른 접근 방식은 있을 수 없었습니다.

생트뵈브Sainte-Beuve, 1804-1869(프랑스의 시인이자 문학비평가)는 프랑스에서 사람들이 더 이상 그리스도인이 아니게 된 지 오랜 뒤에도 여전히 가톨릭 신자로 자처한다고 말한 바 있습니다.[3] 이것이 바로 사데에서 벌어진 일이었습니다. 그들은 오래전부터 그리스도의 영이 주는 생기를 받지 못하게 되었는데도 여전히 스스로를 교인이라고 부르고 있었습니다.

"너는 살아 있다는 이름은 있으나, 실상은 죽은 것이다."

세상은 하나의 단일한 전체whole입니다. 세상은 **거룩합니다**holy.

우리는 세상을 하나님의 영역과 우리 자신의 영역으로 나눕니다. 교회는 성스러운 곳, 운동장은 세속적인 곳이라고 말합니다. 기도하는 자리가 있고 노는 자리가 따로 있습니다. 그러나 우리의 구획은 세상의 원래 존재방식을 모독합니다. 땅은 주님의 것입니다. 온 땅이 그분의 것입니다.

이 온 세상이 그분의 성전이고, 그 안에서 천군 천사들이 외칩니다. "거룩하다, 거룩하다, 거룩하다"(계 4:8). 그중 하나 — 공기, 육지, 일, 돈 — 라도 거룩하지 않은 것처럼 다루는 것은 세상을 더럽히는 일입니다. 세상으로부터 생명을 빼앗는 일입니다. 우리가 빼앗는 그 생명은 하나님의 생명입니다.

아멘.

7. 빌라델비아

볼지어다, 내가 네 앞에 열린 문을 두었으되
능히 닫을 사람이 없으리라.

요한계시록 3:8

This Hallelujah Banquet

우리의 증언에 대한 점검

스파이크는 모퉁이 집에 사는 덩치 큰 아이였습니다. 그는 모르는 게 없었습니다. 저는 스파이크를 엄청나게 존경했고 그의 관심을 받을 때면 언제나 뿌듯했습니다. 그 아이는 넓은 세상을 탐험하는 일에서 그때 이미 전문가였습니다. 당시 스파이크는 초등학교 일학년을 거의 마친 상태였고, 저는 네 살이었습니다. 어느 날 그가 제게 원뿔형 천막을 친 인디언들을 찾으러 숲으로 간다고 선언했습니다.[1] 그는 인디언들이 머리가죽을 벗긴다는 이야기를 전하며 그것이 위험한 일임을 경고했습니다. 제가 그를 따라나섰을까요? 저는 주저하지 않았습니다. 도로변에서 벗어나지 말라는 부모님의 명령은 야생의 유혹 앞에서 맥을 추지 못했습니다. 규칙을 지키는 일 따위는 겁쟁이들의 몫이었습니다. 스파이크의 허세에 고무된 저는 차오르는 용기로 가슴이 터질 것 같았습니다.

몇 시간 후 우리가 (인디언이 아니라 부모님들에게) 잡혔을 때, 실제 부모님들보다 가상의 인디언을 상대로 용기를 발휘하기가 더 쉽다는 것을 깨달았습니다.

우리 안에 있는 무엇이 안전한 집에서 벗어나 위험을 찾아 가도록 몰아가는 것일까요? 그 이상을 바라는 갈망은 우리 안에서 아주 강력히 작용합니다.

안타깝게도 이 갈망은 스스로는 아무것도 감수하지 않는 겁쟁이와 유혹자들에 의해 조종을 받을 수 있습니다. 슬픈 일이지만, 우리의 드넓은 정신이 안전을 바라는 게으른 욕망으로 억제될 수 있습니다. 그리스도께서는 안전을 약속하십니다. "너희는 마음에 쉼을 얻을 것이다."(마 11:29, 새번역). 하지만 그분은 우리를 안전 너머의 위험으로 부르기도 하십니다. "내가 너희를 내보내는 것이, 마치 양을 이리 떼 가운데로 보내는 것과 같다"(마 10:16, 새번역). 그분은 우리에게 그분이 가진 최고의 것을 주십니다. 그리고 우리에게 최고의 것을 받으십니다. 그분은 우리를 구원하시고, 또한 우리를 보내십니다. 그분은 우리를 돌보시지만 도전하게도 하십니다. 그분은 저의 옛 친구 스파이크가 제게 호소했던 것처럼 우리 안의 갈망에 호소하시지만, 그 일을 다른 방식으로 하십니다. 그리스도께서는 끝까지 용감하게 우리와 동행하십니다.

예수님은 갈릴리 사역을 무기한으로 계속하실 수도 있었을 것입니다. 치유하고 돕고 가르치고 찬사를 받으시면서 말입니다. 그러나 그분에게는 그 이상이 있었습니다. 그것은 바로 예루살렘입니다. 어느 날 그분은 갈릴리라는 성공과 안전을 떠나 예루살렘이라는 시험과 위험으로 들어가셨습니다. 사람들은 열광적으로 그분을 맞이하였습니다. 종려나무 가지를 흔들던 아이들 중에서 예수님의 담대한 용기를 감지하고 거기에 합류하고자 안전한 집 안마당을 떠나는 모험을 감수한 경우가 얼마나 될지 궁금합니다.

그로부터 육십 년 후, 예수님은 요한을 통해 빌라델비아의 교회에 편지를 보내셨습니다. "내가 네 앞에 열린 문을 두었[다]"(계 3:8). 여러분은 예수님의 품 안에서 지금부터 영원까지 안전하고 편안하게 지낼 것이라고 생각하셨습니까? 그렇다면 깜짝 놀랄 소식이 있습니다. 안전과 편안함 외에 무언가가 더 있습니다. 바로 시련과 십자가입니다.

희생을 해야 하는 상황, 원수를 사랑해야 하는 상황, 친구를 섬기고 가난한 이들을 돕고 죄수들을 찾아가고 무지를 깨우치고 잔혹행위에 반대하고 위선을 벗겨야 하는 상황이 있습니다. 우리를 필요로 하는 사람들, 믿을 만한 증인과 헌신된 친구를 기다리는 사람들을 향해 열린 문이 있습니다. 그 문으로 지나가시겠습니까? 아니면 종교가 주는 편안함 안에서 옹송그리고 계시겠습니까? 이것은 용기의 시험, 우리 증언에 대한 시험입니다. 요한은 빌라델비아 회중 안에서 편안함을 추구하는 경향을 감지했습니다. 박해와 순교를 통과한 그들은 이제 자리를 잡고 목자이신 주님이 주시는 편안함을 즐기려고 합니다. 그러나 은퇴의 시기는 아직 멀었습니다.

미지의 것에 대한 두려움에 따라 우리 삶의 경계를 정해서는 안 됩니다. 편안함을 바라는 지나친 욕망이 위험을 감수하고자 하는 욕구를 억눌러서는 안 됩니다. 그리스도의 생명은 우리가 그것을 받은 순간 우리 안에서 완전해지는 것이 아니라, 거짓과 무관심과 악에 맞서 그 생명에 충실한 삶을 살고자 애쓸 때 비로소 완전해집니다. 그리스도께서 종려주일에 통과하신 그 열린 문은 지금도 열려 있습니다.

ళ

선교mission는 이제 적절한 말이 아닙니다. 미치너James A. Michener와 몸 W. Somerset Maugham이 이 단어를 망쳐 놓았습니다.[2] 제가 아는 선교사들은 모두 흥미진진하고 용감한 사람들인데, 소설에 나오는 선교사들은 모두 독단적이고 편협하고 고집불통의 악당들입니다. 그러니 선교라는 말은 사라져야 합니다.

그 대신 미사일missiles은 어떨까요? 이 단어는 누군가가 던지거나 보낸 어떤 것을 가리키는 동일한 라틴어 어근에서 나왔습니다.[3] 이 단어는 제게 원래의 흥분되는 분위기, 기술뿐 아니라 최신의 현대적 사고방식까지 전해 줍니다. (상상력을 발휘하면) 우리 자신을 그리스도의 지시로 목적지를 향해 보내지는 미사일—발사가능 인간—로 생각할 수 있습니다.

빌라델비아(펜실베이니아의 필라델피아와 같은 이름의 터키 도시)는 미사일 도시로 고대 국경지에 세워졌습니다. 내륙 지역으로 그리스 문화를 전파하는 발사지점의 역할을 하기 위해 야만인들의 황야 끝자락에 세워진 것입니다. 처음 빌라델비아에 정착했던 이들은 내륙으로 보냄을 받아 그리스 문화를 퍼뜨릴 목적으로 그곳에 있었습니다. 빌라델비아는 열린 문을 가진 도시였습니다.

빌라델비아의 교회도 자신들이 변경에 위치하고 있음을 알았습니다. 요한의 편지를 통해 이 교회에 주어진 [예수님의] 메시지는 빌라델비아의 역사를 활용하면서 그들의 존재 목적을 더 넓은 기독교회에 확대 적용합니다. 그리스도인은 하나님께 용납받은 뒤에 편안한 고급 호텔에서 큰 시가를 문 채 신문을 읽는 형편이 아닙니다. 그는 미사일입니다. 그의 운명은 열린 문을 통해 세상으로 보내져서 사랑과 은혜의 의미를 나누는 것입니다.

'보냄받음'을 생각할 때 우리는 종려주일을 기억합니다. 그날 예수님은 열린 문을 통해 예루살렘으로 들어가셨습니다. 그분은 삼 년 동안 예루살렘 바깥에서 할 수 있는 사역에 임하셨습니다. 마을에서 병든 사람들을 고치셨고, 가족과 사별한 이들을 찾아가 위로하셨으며, 목가적 언덕에서 군중을 가르치셨습니다. 우리가 예수님을 생각할 때 흔히 떠올리는 이 모든 활동은 예루살렘 바깥에서도 수행할 수 있는 일입니다. 그분은 도우셨고, 치유하셨으며, 가르치셨고, 사람들에게 하나님을 나타내 보이셨습니다. 그러나 한 가지 중요한 행위가 남아 있었습니다. 그리고 그 일은 예루살렘 안에서만 일어날 수 있었습니다.

예수님은 그분의 통치를 사람들에게 선포하셔야 했습니다. 그 일에는 예루살렘이라는 장소가 필요했습니다. 예루살렘은 그 지역의 중심이었고, 어떤 면에서는 세상의 중심이었기 때문입니다. 갈릴리 지방이나 요단강변의 낙후된 마을에서 통치하는 일로 큰 영향력을 발휘할 수 있었을까요? 예수님이 만물을 다스리시는 하나님의 통치를 나타내려면 예루살렘에서 통치함으로써 그것을 상징적으로 보여주셔야 했습니다.

그래서 그분은 어린 나귀를 타고 예루살렘으로 들어가셨습니다. 솔로몬 이후 그런 식으로 예루살렘으로 입성한 사람은 그분이 처음이었고 사람들은 그 유사성을 놓치지 않았습니다. 그들은 그리스도의 예루살렘 입성 취지를 알아보고 크게 기뻐하며 그분의 통치를 선포했습니다. "호산나!" 그리스도께서 예루살렘에 들어가신 목적은 왕으로 통치하시기 위함이었습니다. 그저 가르치거나 치유하거나 돕거나 사람들이 하나님의 본성을 떠올리게 하기 위해서가 아니라, 통치를 위해 들어오셨습니다.

그리스도께서는 마침내 우리를 다스리기 위해 이 세상에 쳐들어오셨습니다. 그분은 목적과 목적지가 있는 미사일이셨습니다. 요즘 UFO(미확인비행물체)와 외계인에 관한 이야기가 많이 들려옵니다. 그것들에 대한 흥미와 온갖 추측 배후로 가끔 **으스스한** 느낌이 몰려옵니다. 어쩌면 우리를 다스릴 능력이 있는 **누군가** 또는 뭔가 다른 존재가 우리에게 새로운 권위를 행사하고 우리를 장악할지도 모른다는 느낌입니다. 그리고 우리는 그것을 두려워합니다. 어쩌면 이와 동일한 두려움의 심리가 그리스도에 대한 우리 생각에도 숨어 있을지 모릅니다. 그리스도께서는 다스리러 오셨습니다. 그분은 열린 문을 위해 사셨습니다. 예루살렘과 우리 삶으로 들어와 모든 피조물에 대한 하나님의 통치권을 주장하시기 위해서 말입니다.

❧

제가 볼 때, 그리스도의 통치가 우리 영역에 들어올 때 세 가지 반응이 있을 수 있습니다. 기쁨, 울음, 분노입니다. 이 반응들이 반드시 상호배타적인 것은 아닙니다.

먼저, **기쁨**이 있습니다. 하나님이 다스리시는 이들은 자신을 하나님께 맞추고 충만한 삶을 살아갑니다. 그리스도께서는 사역의 많은 순간에 놀랄 만한 기쁨의 본을 보이셨습니다. 그분의 하나님 나라 통치는 기쁨을 가져옵니다.

그러나 그분의 통치가 인간의 마음 안에서 장애물을 만나면 **울음**도 생겨납니다. 예수님은 예루살렘을 내려다보시고, 그곳 사람들이 하나님의 권리주장에 얼마나 무심했는지 회상하면서 우셨습니다. 그리스도께서는 그분의 통치와 그에 앞서 나타난 선지자들에 대한 무관심이 그들에게 큰 고난을 안겨 줄 것임을 아셨습니다. 탄식하고 우는 일 외에는 다른 수가 없었습니다. 우리는 그분을 보고 본으로 삼아야 합니다.

끝으로, 불의 앞에서의 **분노**, 이익을 위해 거룩한 것을 하찮게 만드는 상황에서의 **분노**를 가끔씩 볼 수 있습니다. 하나님의 통치는 성전의 정화를 의미했음을 기억하십시오. 예수님은 사람들이 그 시점까지 해오던 많은 일들을 더 이상 용납할 수 없으셨기에 그들을 쫓아내셨습니다. 그분은 분노하셨고, 그것은 정당한 분노였습니다.

이렇듯 그리스도의 통치는 우리에게 기쁨만 가져다주는 것이 아닙니다. 울음과 분노도 있습니다. 그러나 그리스도의 통치 아래 있는 사람들에게는 이 문제 많은 세상에서도 기쁨이 우세합니다.

그리스도께서는 열린 문을 통과하는 빌라델비아 교회에 약속을 주십니다. "이기는 사람은, 내가 내 하나님의 성전에 기둥이 되게 하겠다. 그는 다시는 성전을 떠나지 않을 것이다"(계 3:12, 새번역). 빌라델비아는 지진이 잦은 도시였습니다. 미진이 시작되면 그곳 사람들은 도시에서 달아나는 일을 반복해야 했습니다. 때로 그들은 파멸을 피해 끊임없이 달아나는 삶을 사는 것 같았습니다. 그런 그들에게 이런 약속이 주어졌습니다(제가 풀어 씁니다). "이 열린 문을 통과하는 너는 그리스도의 미사일이 될 것이다. 너는 더 이상 떠나지 않아도 되는 확실한 장소에 마침내 자리 잡게 될 것이다. 너는 기둥이 될 것이다."

우리 교회는 경제·사회·정치·종교 등 삶의 모든 영역에서 모든 사람을 다스리는 하나님 통치의 수위성(首位性)을 오래전부터 강조했습니다. 그리고 이 강조점을 "그리스도 우리 왕"이라는 교회 이름에 담아냈습니다. 열린 문의 명령이 우리 앞에 놓여 있습니다. 우리는 예루살렘의 열린 문을 통해 우리 존재 안으로 들어오신 그리스도의 본을 기억하며 깊은 확신을 갖고 이렇게 기도해야 할 것입니다. "그리스도 우리 왕이시여, 우리를 다스리소서."

아멘.

8. 라오디게아

나는 네 행위를 안다. 너는 차지도 않고, 뜨겁지도 않다.
네가 차든지 뜨겁든지 하면 좋겠다.
네가 이렇게 미지근하여, 뜨겁지도 않고 차지도 않으니,
나는 너를 내 입에서 뱉어 버리겠다.

요한계시록 3:15-16, 새번역

This Hallelujah Banquet

우리의 헌신에 대한 점검

사도 요한은 예수님의 부활을 믿은 첫 번째 사람이었습니다. 부활의 증거를 처음 본 이는 마리아와 베드로였지만, 빈 무덤에서 그리스도의 부활로 넘어가는 믿음의 도약을 이룬 사람은 요한이었습니다. 요한의 부활절 아침의 믿음은 밖으로 뿜어져 나왔고, 한 명 한 명의 절망, 죄책감, 허무감, 회의주의를 거두어 살아 계시고 현존하시는 구주를 삶으로 찬양하도록 이끌었습니다.

그로부터 육십 년이 지난 후에도 요한 목사는 부활의 사건을 전과 다름없는 열정으로 소개하며 어려운 시기를 겪고 있던 일곱 교회 그리스도인들을 흔들리지 않게 하고 격려하고 독려했습니다. 첫 번째 부활절 아침에는 폭발적인 힘이 있었습니다. 이 폭발력은 육십 년 후에도 여전했을까요? 부활은 이천 년이 지난 지금도 폭발력을 갖고 있을까요? 과연 그러했고 지금도 그렇습니다.

그래야 하기 때문입니다. 부활은 희미해지지 않지만 우리는 희미해지니까요. 우리는 열정을 잃어버립니다. 특히 소위 풍족한 삶을 얻게 되면, 하나님의 근본적이고 인격적이며 본질적인 영광과 우리의 끔찍한 처지를 망각합니다. 우리는 라오디게아 교인들처럼 됩니다. 차갑지도 뜨겁지도 않고, 편안하고 세련되게 미지근해지는 것입니다.

그리스도의 부활이요? 중요한 교리이지만 안타깝게도 여러 논쟁으로 핵심이 흐려졌습니다. 부활절이요? 물론 의미심장한 절기지만 그와 유사한 이교의 행사들도 흥미롭지요!

요한의 교회들 중 일곱 번째 라오디게아 교회는 일곱 교회 중에서 그리스도인이 되는 일이 위험하지 않았던 유일한 회중이었습니다. 다른 교회들에 주어진 메시지와 달리, 이들을 위한 메시지에는 고난이나 순교가 언급되지 않습니다. 운이 좋은 사람들이지요! 이들은 미국인들이 당연하게 여기는 예배의 자유, 박해로부터의 안전을 누렸습니다.

미국의 상황과 이들의 유사성은 또 있습니다. 라오디게아 역시 소비 사회였다는 것입니다. 고고학자들이 라오디게아 여기저기를 뒤지고 역사학자들이 고문서들을 면밀히 조사한 결과, 그곳이 금융과 패션과 의료의 중심지였음이 밝혀졌습니다. 돈, 패션, 의술의 결합으로 라오디게아는 살기 좋은 곳이 되었습니다.

세월이 지나면서 라오디게아의 그리스도인들에게 끔찍한 일이 일어났습니다. 십자가보다 그들이 속한 부유한 문화에 더 많은 영향을 받기 시작한 것입니다. 그들은 소비자가 되었습니다. 그리스도를 소비할 품목으로 대하기 시작했습니다. 금융시장에 투자하는 방식으로 종교에 투자하고, 옷을 쇼핑하는 방식으로 종교를 쇼핑했습니다. 의술을 이용하는 방식으로 종교를 이용했습니다. 그들은 소비자가 되어 차가운 계산으로 그리스도를 대했습니다.

우리는 어떻습니까? 요한은 부활하신 그리스도의 긴급한 말씀으로 우리의 미지근한 소비자 사고방식을 뒤흔듭니다. "볼지어다, 내가 문 밖에 서서 두드리노니 누구든지 내 음성을 듣고 문을 열면 내가 그에게로 들어가 그와 더불어 먹고 그는 나와 더불어 먹으리라"(계 3:20).

이것은 열정에 대한 점검입니다. 우리는 점검하시는 그리스도 앞에서 미지근한 관중일 수 없습니다. 열렬한 참여자이거나 얼음처럼 차가운 거부자일 수밖에 없습니다. 우리는 오랫동안 그분과 멀찍이 거리를 유지할 수 없습니다. 그분이 집요하게 문을 두드리시면 우리는 분발하여 응답하게 됩니다. 우리가 응답하는 순간, 그분은 우리 안에 들어오십니다. 우리는 불쑥 들어오신 그분과 제대로 사랑에 빠지고 부활의 능력으로 찬양의 삶에 뛰어듭니다.

우리는 요한이 사랑하는 회중들에게 보낸 편지들을 차분히 살펴보면서 자발적으로 그리스도의 점검을 받았습니다. 이 편지들이 1세기 교회들에 제기한 깊은 통찰과 질문들을 살펴보았습니다. 우리가 알다시피, 그리스도께서는 각 회중의 한복판에 '서셨고' 그들의 행위를 점검하신 후 드러난 바에 따라 칭찬하거나 꾸짖으셨습니다.

그러면 우리는 어떨까요? 저는 우리가 주님의 더없이 엄중한 말씀에 사로잡혔기를, 그 말씀이 우리에게 정확히 들어맞는 것에 깊은 인상을 받았기를 기도하고 바랍니다. 그리스도께서는 우리를 구체적인 방식들로 점검하시고, 우리는 따뜻한 칭찬, 날카로운 책망, 긴박한 약속의 말씀을 들었습니다. 이 말씀들이 처음 기록된 것은 거의 이천 년 전의 일이지만, 점검은 여전히 필요합니다. 특히, 우리의 헌신에 대한 점검이 필요합니다.

∽

이상의 내용을 염두에 두고 이제 마지막 편지, 요한이 라오디게아 교인들에게 보낸 편지를 읽어 보겠습니다.

편지는 점검하시는 그리스도를 "아멘이신 분이시요, 신실하시고 참되신 증인이시요, 하나님의 창조의 처음이신 분"(계 3:14, 새번역)으로 묘사합니다. "아멘"은 하나님의 긍정과 동의, 하나님의 확실성과 보증을 뜻합니다. "신실하시고 참되신 증인"은 하나님의 말씀이신 그분의 신뢰성을 증명합니다. 그분이 "하나님의 창조의 시작" 또는 일부 번역자들이 선호하는 표현처럼 "존재하는 모든 것의 근원"이시라면, 그분 바깥에는 아무것도 존재할 수 없습니다. 그분이 존재의 기원이십니다.

이 세 가지 묘사가 더해져서 모든 것을 포함하시는 그리스도, 그분의 등 뒤에서는 아무 일도 일어나지 않는 분, 하나도 빠뜨리지 않으시는 그리스도의 모습이 드러납니다. 요한이 그리스도를 이런 식으로 묘사한 이유는 그분이 점검하실 사람들이 하나님과 별개로 스스로 상당히 만족스러운 생활방식을 구축했다고 생각했기 때문입니다. 그들에게 하나님은 존재하시긴 하지만 주변부에 계시는 분이었습니다. 그들은 종교를 부인하지 않았습니다. 그저 종교를 종교의 자리에 두었을 뿐입니다.

그들은 다음과 같이 말할 사람들이었습니다. "하지만 나는 할 일도 너무 많고 알아야 할 내용, 소유할 것도 너무 많습니다. 종교로 나를 제한할 수는 없어요. 종교는 사람을 지나치게 편협하게 만드는 독단입니다. 말할 수 없이 사람을 답답하게 해요. 종교의 효용을 모르는 게 아닙니다. 우리 아이들은 주일학교에 다니게하고 싶고, 나도 상당히 규칙적으로 교회에 나갑니다. 하지만 나는 교양 있는 현대인이에요. 다른 관심사도 많고요. 광신도가 되고 싶지는 않습니다." 그리스도께서는 바로 이런 사람들과 여러 막중한 측면에서 맞서셨습니다.

그들의 삶이 아무리 긍정적이어도, 그리스도께서는 더욱 긍정적이십니다. 그분은 아멘이십니다. 그들의 삶에 아무리 사랑이 많은 것처럼 보여도, 그분의 사랑이 더 많습니다. 그분은 신실하고 참된 증인이십니다. 그들이 아무리 포용적이 되려고 노력해도, 그분이 더욱 포용적이십니다. 그분은 모든 창조의 근원이십니다. 어떤 것도 그분을 피하지 못합니다. 모든 것을 포괄하시는 이 세계주의적 그리스도께서 라오디게아의 교양인들을 점검하십니다. 그들은 독일의 신학자 슐라이어마허 Schleiermacher가 "종교를 경멸하는 문화인들"이라고 말한 사람들입니다.

점검 결과는 냉혹합니다. "나는 네 행위를 안다. 너는 차지도 않고, 뜨겁지도 않다. 네가 차든지 뜨겁든지 하면 좋겠다. 네가 이렇게 미지근하여, 뜨겁지도 않고 차지도 않으니, 나는 너를 내 입에서 뱉어 버리겠다"(계 3:15-16, 새번역). 이것은 일곱 교회에 주어진 말씀 중에서 가장 준엄한 말씀입니다. 이 엄중한 말씀을 촉발한 계기는 노골적인 죄나 극악한 이단이나 비겁한 변절이 아니었습니다(이 점에 주목하십시오). 이 말씀을 촉발한 것은 그들의 밍밍함이었습니다. 존 스토트 John Stott가 말한 것처럼 "예수 그리스도께서는 우리의 열기가 식어 미적지근하게 맛없는 상태가 되는 것보다는 펄펄 끓거나 얼어붙기를 바라십니다."[1]

비판적 점검결과는 위험천만하게 정곡을 찌릅니다. 라오디게아 교인들의 미지근함은 우리 시대 교회의 특징인 것 같습니다. 제가 보기에 사람들은 예수 그리스도에 대해 광적이라 할 만큼 뜨거워지고 싶을 때 특정 교단 교회에 나가고, 그분에게 얼음처럼 냉담한 경우에는 또 다른 교단으로 가는 것 같습니다. 그런데 이도 저도 아니게 미지근한 경우에는 장로교 교회에 나오는 듯 보입니다. 하지만 이것은 분명히 잘못된 시각입니다. 다른 교단의 목사들과 대화를 나누어 보면, 자신의 교단에 대해서 다들 같은 생각을 갖고 있으니까요. 미지근함은 장로교인의 특성이 아니라 인간의 특성입니다.

☙

이런 미지근함 배후에는 무엇이 있을까요? 한마디로 말하면, **번영**이 있습니다.

라오디게아 교인들은 오늘날의 우리와 비슷하게 풍요로운 사회의 시민이었습니다. 그들의 사회경제적 상황은 우리와 아주 비슷했고, 그 결과 우리와 똑같은 영적 상태를 맞았습니다.

라오디게아는 특히 부유했습니다. 소아시아 동부의 일곱 도시 중 가장 넉넉한 도시였을 것입니다. 그곳의 부는 세 가지를 토대로 조성되었습니다. 첫째, 그곳은 금융 중심지였습니다. 주변 지역의 금융 협정이 라오디게아에서 맺어졌고 주화도 그곳에서 주조되었습니다. 라오디게아는 월스트리트와 포트녹스(미국 최대의 금괴보관소가 있는 군용지―옮긴이)가 결합된 것 같은 도시였습니다.

둘째, 그곳은 의류 중심지이기도 했습니다. 라오디게아 주변의 언덕들은 특정한 품종의 검은 털 양으로 유명했습니다. 라오디게아인들은 이 양털로 의복과 카펫을 제작했습니다. 파리의 살롱과 뉴욕의 5번가가 합쳐진 듯한 그곳에서 유행이 만들어졌습니다.

셋째, 그곳은 의료 중심지였습니다. 그곳에는 의과대학이 있었는데, 지역에서 생산한 두 가지 약으로 세계적 명성을 얻었습니다. 하나는 아픈 귀를 치료하는 나드 연고였고, 무엇보다 유명했던 것은 특별한 안약이었습니다. 정제 형태로 수출되었던 그 약은 갈아서 안염 치료제로 사용되었습니다. 그곳은 고대세계의 존스 홉킨스 병원과 마요 클리닉이었습니다.

돈, 패션, 의술, 이 세 가지의 성공으로 라오디게아 교인들에게 풍요와 번영이 찾아왔습니다. 그들은 물질적으로 완전히 성공한 나머지 세계나 존재의 다른 모든 측면은 잊어버렸습니다. 풍요에 마취되었고, 하나님에 대한 감각을 완전히 상실했습니다.

라오디게아 같은 도시에는 극도의 노력, 열정, 열광이 필요가 없었습니다. 성공의 안정기에 접어들어 편안하게 살고 있던 그들에게 그런 것들은 다 지나간 옛일이었습니다. 그들은 차갑지도 뜨겁지도 않았고 미지근했습니다.

미지근함은 성공한 자들의 특별한 결점입니다. 큰일을 성취했거나 물려받은 사람들이 특히 이런 상태에 빠지기 쉽습니다. 이것은 이 시대의 교회와 기독교 신앙을 위협하는 근본적인 위험 요소입니다.

☙

부활하신 그리스도께서 라오디게아 교회에 말씀하셨습니다.

> 네가 말하기를 나는 부자라. 부요하여 부족한 것이 없다 하나 네 곤고한 것과 가련한 것과 가난한 것과 눈먼 것과 벌거벗은 것을 알지 못하는도다. 내가 너를 권하노니 내게서 불로 연단한 금을 사서 부요하게 하고 흰옷을 사서 입어 벌거벗은 수치를 보이지 않게 하고 안약을 사서 눈에 발라 보게 하라(계 3:17-18).

우리 주님의 조언은 얼마나 적절한지요! 그들은 은행에 잔뜩 쌓아 놓은 돈이 있어 부자라고 생각했지만, 실제로는 가난하고 곤고했습니다. 그러므로 "그리스도께 금을 얻어야 합니다." 그들은 세련된 검은 양털 옷을 걸치고 유행에 맞게 옷을 입었다고 생각했습니다만, 내면은 부끄러울 만큼 벌거벗은 상태였습니다. 그러므로 "그리스도께 흰옷을 얻어 입어야 합니다." 그들은 자신들이 세계 최고의 시력을 갖고 있고 눈병이 생겨도 확실한 치료약이 있다고 생각했지만, 완전히 눈이 멀어 하나님조차 볼 수 없는 지경이었습니다. 그러므로 "그리스도께 와서 안약을 발라 시력을 회복해야 합니다."

　사람은 하나님 없이 살 수 없습니다. 이것은 분명한 사실입니다. 그러나 하나님과 함께 산다는 것은 그분의 지배를 받는다는 뜻입니다. 그리스도께서는 라오디게아 교인들의 풍요를 꾸짖으신 게 아닙니다. 그분은 그들의 번영을 나무라시지 않았습니다. 그리스도인의 삶을 묘사하면서, "성도가 되려면 가난해야 한다", "부자가 된 사람은 그리스도의 신실한 제자로 진지하게 고려할 수 없다"는 식으로 말하는 것을 종종 듣습니다. 그러나 그리스도께서는 그런 식으로 말씀하시지 않았습니다. 라오디게아 교인들의 돈이나 좋은 옷이나 의술에 대해 어떤 경멸조의 말씀도 하시지 않았습니다.

　그러나 그런 것들 안에 영원한 가치가 있다고 여기는 그들의 망상은 가차 없이 깨뜨리셨습니다. 그리고 그런 것들 때문에 라오디게아 교인들이 하나님께 주목하지 못하고 긴장이 풀려 몽롱한 편안함에 빠진 나머지 그리스도께 살아 있는 순종으로 반응하지 못하는 것을 호되게 꾸짖으셨습니다. "내가 사랑하는 자를 책망하여 징계하노니 그러므로 네가 열심을 내라. 회개하라"(계 3:19).

❧

주님이 라오디게아 교인들에게 주신 메시지의 마지막 몇 절에 성경의 가장 아름다운 초청 중 하나가 등장합니다. "볼지어다, 내가 문 밖에 서서 두드리노니 누구든지 내 음성을 듣고 문을 열면 내가 그에게로 들어가 그와 더불어 먹고 그는 나와 더불어 먹으리라"(계 3:20).

주님의 모든 꾸짖음과 질책과 과격한 말씀 끝에는 어떤 물리력 행사도 없습니다. 주님은 들어오시라는 우리의 초청을 기다리며 서 계십니다. 그분은 누군가의 삶에 쳐들어가시지 않습니다. 아씨시의 성 프란치스코가 했다는 말처럼, "하나님은 언제나 정중하시고 인간 영혼의 사적인 부분에 침범하지 않으십니다."[2]

조지 맥도널드George MacDonald는 그것을 이렇게 표현했습니다.

하나님은 어떤 문도 강제로 열고 들어가지 않으십니다. 집 주위로 폭풍우를 보내실 수는 있습니다. 징계의 바람이 불어 문과 창문이 덜컹대고 집의 기초까지 흔들릴 수도 있습니다. 그러나 그때에도 하나님은 집 안으로 들어가지 않으십니다. 사랑의 발이 문지방을 넘으려면 안에 있는 이의 손이 먼저 자발적으로 문을 열어야 합니다. 그분은 안에서 문이 열리는지 지켜보고 계십니다. 모든 폭풍우는 사랑의 포위 공격일 뿐입니다. 하나님의 두려운 모습은 사랑의 반대쪽 면입니다. 집 바깥에 있는 사랑이라고 할 수 있지요. 사랑이 있어야 할 자리는 집 안입니다. 사랑은 압니다. 사랑이 들어가기 전까지 집은 그저 하나의 장소에 불과하다는 걸. 영원하신 분이 거하시기 전까지는 천막에 불과하다는 걸.[3]

우리 교회가 하는 두 가지 일이 있는데, 우리가 읽어 온 성경이 이 두 가지를 잘 밝혀 주었습니다. 하나는 입교confirmation, 확증 예배입니다. 이 예배에서 우리 회중의 젊은이들이 예수 그리스도에 대한 신앙을 고백합니다. 신실한 제자가 되고, 그분의 말씀에 순종하며, 그분의 사랑을 드러내기로 약속합니다. 그들이 그리스도께 전심으로 반응하겠다는 이 헌신의 행위를 할 때, 우리 회중은 주님이 우리 각자에게 인격적으로 말씀하시고 제자도로 부르신 일을 떠올리게 됩니다.

두 번째는 주의 만찬이라는 성례입니다. 우리는 성찬을 받을 때 그리스도를 받는 것입니다. 우리 삶의 문을 두드리시는 그리스도께 응답하는 것입니다. 우리 "안에", 우리 내면의 삶으로 들어오셔서 우리와 더불어 식사하시겠다는 그분의 요청에 그렇게 하시라고 말씀드리는 것입니다. 우리가 떡과 포도주를 먹고 마실 때 온전한 그리스도를 우리 삶에 모시게 됩니다.

입교는 성찬으로 이어집니다. 제자도는 교제가 됩니다.

헌신의 촉구 다음에는 주의 만찬으로의 초대가 이어집니다. 우리는 주님의 최후의 만찬을 특별히 가슴 아프게 기억합니다. 그날 저녁, 헌신과 성찬이 긴밀하게 이어졌습니다.

그렇습니다. 그 식탁에는 배신이 있었습니다. 헌신의 길을 온전히 갈 생각이 없었던 유다가 몰래 빠져나갔습니다. 그러나 그 식탁은 힘을 크게 주고받는 자리이기도 했습니다. 제자들 모두가 약하고 믿음이 없었습니다. 그러나 그들의 약한 헌신은 식탁에서 확증을 받았고, 그들이 그리스도를 받고 그분을 따라가면서 믿음이 점점 자랐습니다. 그들은 점점 더 힘을 얻었습니다. 우리 주님이 그들 삶의 문을 두드리시자 그들은 문을 열었고, 그분은 들어가셨습니다.

우리도 그와 같이 합시다.

아멘.

9. 할렐루야 만찬

천사가 내게 말하기를 기록하라. 어린양의 혼인 잔치에
청함을 받은 자들은 복이 있도다 하고 또 내게 말하되
이것은 하나님의 참되신 말씀이라 하기로.

요한계시록 19:9

This Hallelujah Banquet

어린양의 잔치: 복

어린 시절 숲에서 주머니칼을 하나 발견한 적이 있습니다. 녹슬고 더러웠던 칼집에서 가까스로 칼날을 꺼냈지만 날이 무뎌져 있었습니다. 완전히 쓸모없는 칼이었지요. 그걸 집에 가져와서 할아버지께 보여드리자, 할아버지는 칼을 기름에 담그는 일로 작업을 시작하셨습니다. 칼날을 숫돌에다 비비고 갈아서 광을 내셨습니다. 저는 그 광경을 즐겁게 지켜보았습니다.

할아버지의 작업이 끝났을 때, 녹슬고 무디고 더러웠던 칼은 빛나고 날카롭고 유용한 물건이 되어 있었습니다.

⅓

최근에 두 단어와 복의 말 한 가지를 발견했습니다. 모두 요한계시록 19장에 숨겨져 있었습니다. 단어들이 으레 그렇듯, 이것들도 처음의 날카로움과 광채를 잃었습니다. 날이 무뎌진 채 성경의 마지막 책의 잔해더미 아래에 감추어져 있습니다. 이 단어들에 제 할아버지의 복구기술 일부를 적용해 볼 생각입니다. 이 단어들은 위대합니다. 원래의 날카로움과 정확성에 맞게 사용하면, 우리가 그리스도의 생명에 더 깊이 더 나은 방식으로 참여하게 만들 수 있습니다.

첫 번째 단어는 **할렐루야**입니다. 신약성경에서 이 단어가 얼마나 자주 나오는지 기억하십니까? 맞습니다. 네 번 나옵니다. 그리고 네 번 모두 요한계시록의 이 대목에서 나옵니다. 놀랍습니다. 그렇지 않습니까? 이 단어는 우리가 가장 많이 사용하는 종교적 단어로 손꼽힙니다. 이 단어는 교회에서 일반 사회로 넘어갔습니다. 이 단어를 사용한 브로드웨이 연극도 있고 여러 팝송도 있습니다. 때로 이 단어는 교회나 종교적 연상과 관련이 없이 그저 기쁨의 표현으로 쓰이기도 합니다. 그리고 이 모두가 성경의 마지막 책에 나오는 이 몇 절에 근거하고 있습니다(시편에 쓰인 경우는 제외한다면 말이지요).

할렐루야는 말 그대로 "하나님을 찬양하라"는¹ 의미의 히브리어 단어입니다. 그러나 이 단어는 언어의 장벽과 인종의 경계를 뛰어넘었고, 그 모든 과정에서도 '할렐루야'라는 원래의 발음을 유지했습니다. 이 단어에는 리듬과 풍요로움이 있습니다. 그 의미가 할렐루야라는 소리로 표현됩니다. 그 안에는 행복과 즐거움이 있습니다. 물 흐르듯 오르내리는 음절들이 찬양을 뒷받침합니다.

그러나 이 위대한 단어의 유쾌한 소리만 보존된 것이 아닙니다. 그 뿌리가 되는 경험도 살아 있습니다. 하나님이 이 단어로 찬양을 받으십니다. 할렐루야라고 말할 때 우리는 기쁨과 감사의 근본적 경험에 참여하게 되고, 하나님께 마음을 열고 기쁘게 반응하는 일 한가운데 서게 됩니다.

우리는 저주와 침울함을 위해 창조되지 않았습니다. 절망하며 우울하게 살도록 만들어지지 않았습니다. 우리 안에는 신성모독과 신랄함을 드러낼 자연적 장치가 없습니다. 모든 언어에는 저주에 쓰는 특별한 어휘가 있지만, 찬양의 어휘는 모든 언어를 뛰어넘습니다. 저주는 지역적이고, 찬양은 보편적입니다. 욕설은 소도시의 악덕이고, 찬양은 전 세계적 미덕입니다. 생명을 거부하는 것은 영원히 지속될 수 없는 덧없고 병든 태도입니다. 생명에 대한 감사는 깊고 널리 퍼져 있는 건강한 태도입니다.

욕을 하고 싶으면 새로운 어휘를 배워야 합니다. 히브리어, 그리스어, 산스크리트어, 이집트어, 프랑스어, 스페인어, 독일어, 아이슬란드어, 러시아어 등 모든 언어가 그렇습니다. 그러나 "하나님을 찬양하라"고 말하고 싶으면, 온 세계 어디서나 할렐루야 한 단어면 충분합니다.

보편성과 근본성은 단어가 아니라 경험에서 나옵니다. 작은 증거일지 모르지만 이것은 의미심장합니다. 그리고 이것은 신약성경에 네 번 등장하는 할렐루야가 하나님을 찬양하는 전염성 높은 단어가 되어 세계 모든 언어에 활기를 준 이유에 대한 합당한 설명입니다.

든든히 먹고 안전한 곳에 자리 잡은 사람이 어느 여름날 기분이 너무 좋아서 할렐루야를 외친다면 그 의미심장함을 무시하기 쉬울 것입니다. 그런 경우 이 단어는 사람의 기분은 정확히 표현하겠지만 삶 전체에 관해서는 어떤 것도 드러내지 않은 것입니다. 그 사람이 병들거나 억압을 받거나 고통을 당하거나 녹초가 될 때는 무슨 말을 할까요? 그때도 할렐루야가 그의 어휘 목록에 남아 있을까요? 한 단어의 의미심장함을 파악하려면 그 단어를 누가 말하고 어떤 상황에서 말하는지 알아야 합니다.

할렐루야를 세계 여러 민족에게 전한 사람들은 매일 고문과 죽음의 위협을 받던 이들이었습니다. 요한계시록의 노래를 부른 사람들은 로마라는 경찰국가의 지독한 괴롭힘 아래 살던 그리스도인들이었습니다. 요한계시록에서 할렐루야 노래를 부른 교회의 구성원은 대부분 가난한 사람들, 착취당하는 사람들, 감옥에 갇힌 사람들과 순교자들이었습니다.

이것은 이 단어가 표현하는 것에 근본적 진정성이 있음이 분명하다는 뜻입니다. 다시 말해, 할렐루야를 말하는 것은 소화상태가 좋거나 연수입이 보장되기 때문이 아닙니다. 건강하거나 안전하기 때문도 아닙니다. 사람들이 이 단어를 외치는 이유는 하나님이 여기 계시고 영원한 선을 위해 삶을 빚으시기 때문입니다. 은혜와 사랑은 존재의 핵심입니다. 할렐루야는 그 사실에 대한 감사를 표현합니다. 할렐루야를 말하기 위해 기분이 좋아질 때까지 기다릴 필요가 없습니다. 좋은 사람이 되고 나서야 할렐루야를 말할 수 있는 게 아닙니다. 우리는 지금 할렐루야라고 말할 수 있고, 개인사에서 하나님의 진리를 중심으로 언어와 삶을 형성하는 일을 시작할 수 있습니다. 언어가 유용한 것이 되려면 삶의 실재를 반영해야 합니다. 하나님이 삶의 실재이십니다. 할렐루야는 그 실재에 대한 우리의 지식과 반응을 표현하기에 좋은 단어입니다.

두 번째 단어는 아멘입니다. 이 단어도 번역되지 않은 히브리어입니다. "예"yes라는 뜻이지요. 아멘도 할렐루야처럼 세계 여러 민족의 어휘 속으로 들어갔습니다. 히브리어로 '아니요'no가 무엇인지는 아무도 모르지만 '예'가 무엇인지는 다들 압니다. 교회 안팎에서 평생 그 단어를 말해 왔으니까요. 아멘(예)은 하나님이 좋아하시는 단어입니다.

바울은 고린도 교인들에게 편지를 쓰면서 이 단어에 대해 놀라울 만큼 단순명쾌하게 말했습니다.

나와 실루아노와 디모데가 여러분에게 선포한 하나님의 아들 예수 그리스도께서는, '예'도 되셨다가 동시에 '아니요'도 되신 분이 아니었습니다. 그리스도 안에는 '예'만 있을 뿐입니다. 하나님의 모든 약속은 그리스도 안에서 '예'가 됩니다. 그러므로, 그리스도로 말미암아, 우리는 "아멘" 하면서 하나님께 영광을 돌리는 것입니다(고후 1:19-20, 새번역).

여기서 바울은 복음이 반은 부정적이고 반은 긍정적인 것이 아니라고 말합니다. 복음은 '예'입니다. 하나님은 우리 삶을 부정하지 않으시고 긍정하십니다. 그리스도께서는 우리 삶을 제약하고 금지하고 축소시키기 위해 일하시지 않습니다. 우리 삶을 용납하고 해방시키고 강하게 하기 위해 일하십니다. 그분이 우리에게 주시는 말씀은 예(아멘)입니다.

사정이 이렇다면, 어떻게 우리는 그토록 많은 부정적 단어와 감정들을 갖게 되었을까요? 저는 정말 모르겠습니다. 정신과 의사와 사회학자들로 꾸려진 팀이 힘을 합쳐야 뭔가를 알아낼 수 있을 것입니다. 그러나 지금 당장은 그 이유가 그리 궁금하지 않습니다. 한 가지 분명한 사실은, 억압이나 부정적 태도나 현실 부정을 만들어 내는 것은 복음이 아니라는 것입니다. 그것은 예수 그리스도의 교회가 아닙니다. 하나님이 우리에게 주시는 말씀이 아닙니다. 그것은 하나님의 '예'라는 신성한 법정으로 파고드는 불충함, 옹졸함, 악함입니다.

'예'가 모든 곳에 있는 상황에서 '아니요'는 예배의 찬양 가사와 어우러질 수 없습니다. 물론 저는 지금 존재하는 모든 것이 선하다거나 모든 것이 허용된다거나 누구나 자기가 하고 싶은 대로 할 수 있어야 한다고 말하는 것이 아닙니다(성경도 그렇게 말하지 않습니다). 저는 규제나 규율이나 판단이 불필요하다고 말하는 것이 아닙니다. 제 말은 하나님이 우리에게 주시는 근본적이고 압도적이며 영원히 고정된 말씀이 '예'라는 것입니다. "그래,yes 나는 너를 사랑한다. 그래, 나는 너를 용납한다. 그래, 나는 너를 원한다." 그리고 우리가 하나님께 돌려드릴 최고의 말도 '예'입니다. 아멘.

최근에 우리 집 저녁식탁에서 아멘amen이라는 단어를 두고 혼란이 있었습니다. "아-멘"이라고 발음할지 "에이-멘"이라고 발음할지에 대해 견해차가 있었지요. 이 사안에서 저의 권위로는 문제가 해결되지 않았고(아시다시피, 선지자는 고향에서 존경을 받지 못하는 법이지요), 견해차는 이후에도 계속 이어졌습니다. 보통 식사기도를 맡는 막내는 헷갈려 했습니다. 아-멘이라고 했다가 에이-멘이라고도 했습니다. 한번은 막내가 말하더군요. "그런데 아멘이 무슨 뜻이에요?" 아내가 "그래요, 저도 그 말을 인정합니다. 그 말에 동의합니다"라는 뜻을 가진 히브리어 단어라고 설명했습니다. 그래서 막내의 기도가 끝날 때 나머지 식구들이 아멘이라고 하는 것은 "그래, 네가 기도한 내용이 나의 기도이기도 하다. 그 기도에 나도 찬성이다"라고 말하는 것과 같다고 했습니다. 그러자 아이가 말했습니다. "음, 그럼 그냥 '예'라고 하면 어때요?" 반박 불가의 논리였습니다. 그렇다면 그렇게 안 할 이유가 있겠습니까? 그래서 이제 우리 가족은 그렇게 합니다. 이제 히브리어 아멘에 더해서 식탁에서 기도를 마칠 때는 영어 '예스'yes로 마무리합니다.

그리고 이제 복을 말할 차례입니다. "천사가 내게 말하기를 기록하라. 어린양의 혼인 잔치에 청함을 받은 자들은 복이 있도다 하고 또 내게 말하되 이것은 하나님의 참되신 말씀이라 하기로"(계 19:9). 이 복은 할렐루야와 아멘이 등장하는 찬송에 이어서 나옵니다. 하나님께 감사를 표현하고 '예'로 응답하는 삶을 살아온 사람들은 마침내 하나님의 식탁 주위에 모입니다. 그 식탁에 초대받는 것은 우리에게 일어날 수 있는 최고의 일입니다. 그것은 하나님의 복입니다.

잔치 식탁에 초대를 받는다는 것은 주인의 음식과 우정의 선물을 받으라는 의미입니다. 자신이 초대받은 저녁식사에 비용을 지불하는 사람은 없습니다. 그리고 흔히 식탁에서는 단순한 식사 이상의 어떤 일이 벌어집니다. 대화가 오가고, 삶을 나누고, 공동체가 형성됩니다.

혼인 잔치에는 축제와 축하의 분위기가 더해집니다. 만찬은 음식을 먹고 힘을 얻을 기회, 식사를 함께하고 대화로 감정을 나눌 기회에 그치지 않습니다. 그 자리에서 우리는 사랑과 헌신으로 만들어진 하나됨, 혼인을 축하합니다. 이것이 만찬의 더 중요한 역할입니다. 우리는 혼인 만찬에서 기쁨어린 사랑을 축하하고 확고한 신실함을 기념합니다. 기쁨과 긍정을 축하합니다. 이 축제에서 할렐루야와 아멘이 하나가 됩니다.

어린양의 혼인 잔치는 이 모든 것을 뜻하고, 여기에 하나님이 친히 식사가 되신다는 사실이 더해집니다. 이 어린양(모든 사람의 구속을 가능하게 하고자 죽임을 당하신 분의 이미지), 이 그리스도, 이 하나님이 식사입니다. 어린양의 혼인 잔치는 우리가 범세계적 교제에 참여하면서 기대하는 것입니다. 할렐루야와 아멘이 이 기념 식사 안에서 결합됩니다. 우리의 가장 깊은 찬양의 능력과 가장 깊은 긍정의 충동이 이 식탁에서 하나로 모입니다. 하나님의 선함과 하나님의 '예'가 성찬을 통해 드러납니다. 두 단어와 하나의 복. 하나님의 식탁에서 먹으라는 초청. 여러분의 할렐루야에 광을 내십시오.

우리 주님의 할렐루야 만찬에 오셔서 복을 받으십시오.

이것이 우리의 시작이 이루어지는 마지막입니다.

이 마지막에서 우리는 시작합니다.

아멘.

마지막 점검

여러분의 동기를 살피고 여러분의 마음을 점검한 뒤에,
거룩한 두려움으로 이 식사에 참여하십시오.

고린도전서 11:28, 메시지

This Hallelujah Banquet

마지막 점검에 관하여

유진 피터슨은 영성생활에 대한 모든 처방을 혐오했습니다. 그리스도의 생명은 우리의 구체적인 시간, 장소, 맥락 가운데서 은혜에 힘입어 서서히 성숙해진다고 믿었기 때문입니다.

이 점을 염두에 두고 이 가이드를 싣습니다. 쉬운 성장을 보장하는 즉효약을 제시하자는 것이 아니라, 기도하며 자신을 돌아보는 과정을 이끌어 주기 위해서입니다. 이 가이드가 이 책의 통찰들을 지성과 영성을 다해 오늘 자신이 있는 자리에 소망을 품고 정직하게 적용하는 데 도움이 되기를 기도합니다.

점검의 시간을 위한 가이드

봄에는 낮이 길어집니다. 공기가 따뜻해집니다. 겨울철의 생존 전략을 벗어던지고, 무슨 일이 벌어지는지 보려고 사방을 두리번거립니다. 기지개를 켜고 사랑과 믿음과 소망의 기운을 삶에서 느낍니다.

그리스도인들은 생존하기만 하지 않습니다. 우리는 성장합니다. 그러면 성장의 신호는 무엇일까요? 일하고 예배하고, 놀고 이야기하고, 장보고 잠자고, 울고 웃을 때 우리 안에 어떤 일이 일어날까요? 우리는 매일 아침에 일어나고 밤에는 잠자리에 듭니다. 봄이 다시 돌아옵니다. 죄의 겨울이 지나고 해빙기가 시작됩니다. 잎눈과 새소리의 리듬에 우리 마음이 움직입니다.

우리는 그리스도를 구주로 새롭게 고백합니다. 하나님에 대한 신앙을 다집니다. 우리 자신을 바라봅니다. 어려운 질문들을 던집니다. "나의 신앙 선포는 형식적인가, 삶을 형성하는가?", "나의 기도는 영원한 것에 대한 경건한 여담인가, 아니면 나를 자아의 궤도에서 벗어나 성장과 구원의 큰 물줄기에 들어서게 해주는 하나님과의 대화이자 깊은 내적 흐름인가?"

그리스도인들에게는 이런 문제들을 가지고 자신을 점검하는 오랜 전통이 있습니다. 사순절은 점검의 시기입니다. 봄의 소생을 내면으로 가져오는 시간입니다. 우리는 예수 그리스도의 강건함과 거룩함에 비추어 우리 자신을 헤아려 봅니다. 그리고 우리가 얼마나 멀리 왔고 얼마나 멀리 가야 하는지 들여다봅니다. "우리는 얼마나 많이 배웠는가?" "얼마나 많이 성장했는가? 작년 이맘때보다 조금이라도 더 성숙해졌는가?" "우리의 헌신에 진보가 있었는가?" "믿음이 자랐는가? 아니면 모종의 편안한 자기기만, 아늑한 방종에 갇혀 버렸는가?"

내면 점검의 목적은 우울하게 우리의 부패성을 기록하자는 것이 아니라 긍정과 교정, 동기부여를 위한 선명한 자기인식의 시간을 갖는 것입니다. "우리는 무엇을 잘하고 있고, 무엇이 잘못되었는가?" "하나님은 우리에 대해 무슨 생각을 하시는가?"

결국 우리 모두 그리스도의 심판대 앞에 서게 될 것입니다. 정기적으로 자신을 점검하는 일은 (사순절 기간이든 점검이 필요한 언제든) 그 시간을 준비할 기회입니다.

우리의 사랑에 대한 점검

"사랑은 다른 모든 일을 한 뒤에 여력이 있을 때 하는 일이 아닙니다. 두말할 것도 없이, 사랑이 바로 우리의 일입니다. 사랑은 우리가 일하는 방식이 아니라 우리의 일 그 자체입니다. 다른 일들이 사랑을 지원할 수 있고, 사랑에서 자라날 수 있고, 사랑으로 이어질 수 있지만, 우리가 사랑하지 않는다면 창조되고 구원받은 목적을 행하지 않는 것입니다"(43쪽).

"그리스도에 대한 처음 사랑과 신앙의 초기에 이웃을 향해 쏟아내던 사랑에서 벗어나셨습니까?"(49쪽) 그 시절을 지금 돌아보면 어떤 마음이 듭니까?

우리의 고난에 대한 점검

"제가 사는 문화와 사회에서는 대부분의 사람들이 **희생**이라는 단어의 의미를 모릅니다. 이곳에서 고통은 어떻게 해서든 피해야 할 것이고, 피할 수 없을 때는 불평의 대상이 됩니다. 이런 사회문화에서 자신의 생명을 보존하고 연장하는 일보다 더 중요한 것이 있다는 것은 생각하기 어렵습니다"(59-60쪽).

"여러분은 자신의 믿음을 위해 죽을 의향이 있습니까? 신앙을 좇기 위해 어떤 것을 포기할 의향이 있습니까? 때로는 최후의 죽음만큼이나 어려워 보이는 작은 죽음들을 받아들일 수 있습니까? 야망의 충동, 정욕과 교만과 안전과 편안함의 충동에 대해 죽는 것을 받아들일 수 있습니까?"(60쪽)

우리의 진실함에 대한 점검

"때로는 위기상황에서 진리를 위해 죽는 일이 따분한 일주일 동안 일터에서 진리에 따라 살아가는 일보다 더 쉽습니다. 진리의 시험은 우리가 압박을 견디고 높이 솟아오른 지점에서 다가오는 것이 아니라, 시험을 받는지도 모르는 평범한 시간에 찾아옵니다"(84쪽).

"진리의 시험은 '그대는 무엇을 생각하는가?'라고 묻지 않고 '그대는 누구인가?'라고 묻습니다. '그대의 의견은 무엇인가?'가 아니라 '그대의 결정은 무엇인가?'라고 묻습니다"(85쪽). 당신의 마음과 생각은 서로 얼마나 일치합니까?

우리의 거룩함에 대한 점검

"그리스도를 위해 바보가 되는 것 Being a fool은 상황이 우호적이지 않을 때도 하나님의 실재를 추구함을 뜻합니다. 그러나 웃음거리가 된다는 것 Being made a fool of은 내면의 실체는 하나님과 아무 관련이 없고 겉모습만 번지르르한 종교를 추구하는 일을 말합니다"(92쪽).

"내가 전하는 교훈은 그리스도 안에 계시된 하나님—그분의 말씀과 행하심—께로 돌아가게 하는가, 아니면 앞으로 얻고 획득하고 느끼게 될 것들을 기대하며 흥분하게 하는가? 이 교훈은 자신—자신의 참 모습, 자신이 있는 자리—에게 돌아가게 하는가, 아니면 야망과 불만을 불러일으키고 다른 사람이 되어 다른 곳에 있고 싶은 욕망을 갖게 하는가?"(99-100쪽)

우리의 현실에 대한 점검

"이 온 세상이 그분의 성전이고, 그 안에서 천군 천사들이 외칩니다. '거룩하다, 거룩하다, 거룩하다'(계 4:8). 그중 하나—공기, 육지, 일, 돈—라도 거룩하지 않은 것처럼 다루는 것은 세상을 더럽히는 일입니다. 세상으로부터 생명을 빼앗는 일입니다. 우리가 빼앗는 그 생명은 하나님의 생명입니다"(113쪽).

"hail(만세), holy(거룩한), hello(안녕하세요), whole(온전한)이라는 단어들이 모두 연결되어 있다는 말을 들었습니다. 우리가 찬송가 「거룩, 거룩, 거룩」Holy, Holy, Holy을 부를 때의 마음으로 국민가요 「만세, 만세, 여기 다 모였네」Hail, Hail, the Gang's All Here를 부르는 것이 가능할까요?"(109쪽) 당신은 일상생활의 거룩한 본질을 얼마나 잘 인식하고 있습니까? 구체적인 경이감과 거룩한 사랑으로 세상과 대면하도록 당신을 초대하시는 그리스도의 더 깊은 방식은 무엇입니까?

우리의 증언에 대한 점검

"미지의 것에 대한 두려움에 따라 우리 삶의 경계를 정해서는 안 됩니다. 편안함을 바라는 지나친 욕망이 위험을 감수하고자 하는 욕구를 억눌러서는 안 됩니다. 그리스도의 생명은 우리가 그것을 받은 순간 우리 안에서 완전해지는 것이 아니라, 거짓과 무관심과 악에 맞서 그 생명에 충실한 삶을 살고자 애쓸 때 비로소 완전해집니다"(119-120쪽).

"그리스도께서는 "우리를 필요로 하는 사람들, 믿을 만한 증인과 헌신된 친구를 기다리는 사람들을 향해 열린 문"을 우리 앞에 두십니다. "그 문으로 지나가시겠습니까? 아니면 종교가 주는 편안함 안에서 옹송그리고 계시겠습니까?"(119쪽)

우리의 헌신에 대한 점검

"우리는 점검하시는 그리스도 앞에서 미지근한 관중일 수 없습니다. 열렬한 참여자이거나 얼음처럼 차가운 거부자일 수밖에 없습니다. 우리는 오랫동안 그분과 멀찍이 거리를 유지할 수 없습니다. 그분이 집요하게 문을 두드리시면 우리는 분발하여 응답하게 됩니다"(129쪽).

기도하면서 자신의 마음을 살펴보십시오. 당신의 믿음이 수동적이 되거나 안일해진 부분이 있습니까? 수치심이나 두려움을 떨쳐 버리고, 당신의 삶의 이 시점에서 그리스도께서 당신을 열정적 삶으로 더 깊이 초대하고 계신 것은 아닌지 생각해 보십시오.

주

1. 마지막에 있는 시작_마지막은 우리의 시작 지점

1. 이번 장은 원래 저자가 신년 설교로 전한 원고였다. 유진 피터슨이 한 해의 시작을 말하는 대목들을 그대로 두었지만, 이 설교는 요한계시록이 모든 새로운 시작을 위한 지혜를 담고 있음을 제대로 알려 준다─편집자.

2. T. S. Eliot, "Little Gidding," *Four Quartets*(New York: Harcourt, 1943), 42. (『사중주 네 편』 문학과지성사)

3. Paul Tillich, *Systematic Theology*, vol. 1(Chicago: The University of Chi\-cago Press, 1951), 156. (『조직신학』 새물결플러스)

4. *Strong's*, s.v. "telos"(G5056), Blue Letter Bible, www.blueletterbible. org/lang/lexicon/lexicon.cfm?t=kjv&strongs=g5056.

5. 유진 피터슨은 이 인용문이 D. T. 나일스(D. T. Niles)의 것이라고 했지만, 출판사는 그 출처나 문구를 따로 확인할 수가 없었다─편집자.

6. 브룩 농장의 역사적 상황에 대해서는 "Brook Farm"이라는 용어로 Encyclopaedia Britannica Online을 찾아보라. www.britannica.com/topic/Brook-Farm.

2. 에베소_우리의 사랑에 대한 점검

1. Henry Ward Beecher, 다음 책에서 인용. William Barclay, *Letters to the Seven Churches*(Louisville, KY: Westminster John Knox, 2001), 14. (『사도 요한의 편지』 엠마오)

3. 서머나_우리의 고난에 대한 점검

1. 이 부분은 누가복음 9:23과 갈라디아서 2:20을 바꿔 쓴 것이다.

2. *Strong's*, s.v. "thlipsis"(G2347), Blue Letter Bible, www.blueletterbible.

org/lang/lexicon/lexicon.cfm?t=kjv&strongs=g2347.

4. 버가모_우리의 진실함에 대한 점검

1. William Barclay, *Letters to the Seven Churches*(Louisville, KY: Westminster John Knox, 2001), 35-36.
2. Thayer and Smith, "Greek Lexicon Entry for Aletheia," *The NAS New Testament Greek Lexicon*, 1999, www.biblestudytools.com/ lexicons/greek/nas/aletheia.html.

5. 두아디라_우리의 거룩함에 대한 점검

1. Scott Donaldson, *Edwin Arlington Robinson: A Poet's Life*(New York: Columbia University, 2007), 246.
2. '이세벨'이라는 용어는 여자를 비하하는 뜻으로 자주 오용되거나 남 용되었다. 그러나 이 구절에서 유진 피터슨은 사도 요한이 그랬듯 더 넓은 영적 상징을 담은 역사적 인물인 이세벨의 의도적인 종교적 기 만에 초점을 맞춘다. 여기서 유진 피터슨이 이세벨이라는 이름을 경 솔하게 사용했다거나 여자들을 직접적으로 모욕하기 위해 사용했다 고 보아서는 안 된다. 유진 피터슨은 여성을 깊이 존중했고 여성들이 사역을 감당하도록 평생에 걸쳐 힘을 보탰다—편집자.
3. 유진 피터슨은 이 연구의 출처를 명시적으로 밝히지 않았지만, 이 세벨이라는 이름의 더 많은 배경 정보는 다음 책에서 볼 수 있 다. Michael J. Wilson, *What the Scriptures Say About Women* (Summerville, SC: Holy Fire, 2007), 97—편집자.

6. 사데_우리의 현실에 대한 점검

1. Virginia Stem Owens, *And the Trees Clap Their Hands: Faith, Perception, and the New Physics*(Eugene, OR: Wipf and Stock, 1983), 142.
2. M. G. Easton, s.v. "Spirit," *Illustrated Bible Dictionary*, 3rd ed.

(Nashville: Thomas Nelson, 1897), www.biblestudytools.com/dictionary/spirit.

3. 이 진술에 대해 유진 피터슨이 활용한 구체적인 출전은 불분명하다. 그러나 이 진술에 대한 일부 배경 정보는 다음 책에서 볼 수 있다. Suzanne Berger, "Religious Transformation and the Future of Politics," *European Sociological Review* 1, no. 1(May 1985): 23-45—편집자.

7. 빌라델비아_우리의 증언에 대한 점검

1. 시대에 뒤떨어진 이런 묘사를 접할 때는 유진 피터슨이 사적으로나 공적으로나 북미원주민들을 언급할 때마다 그들을 깊이 존중했다는 점을 지적함으로써 균형을 잡아야 한다. 20세기의 흔한 고정관념이 반영된 이 소년 시절의 이야기를 남겨 두기로 결정한 것은 유진 피터슨이 설교할 당시의 의도대로 '그 이상을 바라는' 인간의 욕망을 강조하기 위해서다—편집자.

2. 유진 피터슨은 여기서 제임스 미치너(James A. Michener)의 1959년 소설 『하와이』(*Hawaii*)와 서머셋 몸(W. Somerset Maugham)의 1921년 단편 「비」(*Rain*)를 말하는 것 같다. 두 작품 모두 현실과 유리된 선교사들이 자신들이 개종시키러 온 부족 사람들과 맺는 관계가 등장하는데, 종종 그 관계가 비극적이다—편집자.

3. Merriam-Webster, s.v. "missile," www.merriam-webster.com/dictionary/missile.

8. 라오디게아_우리의 헌신에 대한 점검

1. John Stott, *What Christ Thinks of the Church: Preaching from Revelation 1 to 3*(Carlisle, UK: Langham Preaching Resources, 2019), 89. (『내가 사랑하는 교회에게』 포이에마)

2. 이 인용문은 자주 설교에 등장하고 성 프란치스코의 말로 인용되지만, 원 출처를 찾기가 어려운 것으로 악명 높다. 이 인용문은 다른 여러 곳과 더불어 다음 책에도 나온다. *The Interpreter's Bible*, ed.

George Arthur Buttrick, vol. 8, Luke and John (New York: Abingdon, 1952), 323. 버트릭은 유진 피터슨이 목회자로 큰 영향을 받은 인물 중 한 사람이다—편집자.

3. George MacDonald, *Unspoken Sermons* (New York: Cosimo Classics, 2007), 156-157. (『전하지 않은 설교』 홍성사)

9. 할렐루야 만찬_어린양의 잔치: 복

1. M. G. Easton, s.v. "Hallelujah," *Illustrated Bible Dictionary*, 3rd ed. (Nashville: Thomas Nelson, 1897), www.biblestudytools.com/dictionary/hallelujah.